# 대중매체 언어 읽기

**UNDERSTANDING
OF MASSMEDIA
LANGUAGE**

# 대중매체 언어 읽기

**초판인쇄** 2019년 1월 15일  **초판발행** 2019년 1월 15일, 2020년 9월 9일 초판 2쇄 발행

**지은이** 이지양·윤신원·유지현·김지수·이나영·지선영·최현주·정예슬·최가연·김성훈·김유탁·김하림·홍예지·신재원
　　　　레전디엠프엉·손영은·이예진

**펴낸이** 정대환  **펴낸곳** 제이디미디어  **출판신고** 제2004-000009호

**주소** 서울시 용산구 새창로 213-12 한강현대하이엘 1201호

**전화** 02-792-0842  **팩스** 02-792-0843  **전자우편** godesignjd@designjd.com  **홈페이지** www.designjd.com

값 12,000원

ISBN 978-89-955417-4-6  93680

이 저서는 2018년 정부(교육부)의 재원으로 '대학인문역량강화사업(CORE)'의 지원을 받아 제작되었음.

# 대중매체 언어 읽기

이지양 · 윤신원 · 유지현 · 김지수 · 이나영 · 지선영
최현주 · 정예슬 · 최가연 · 김성훈 · 김유탁 · 김하림
홍예지 · 신재원 · 레전디엠프엉 · 손영은 · 이예진 지음

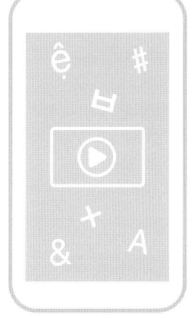

# UNDERSTANDING
# OF **MASSMEDIA**
# **LANGUAGE**

제이디 미디어

# 서문

우리가 당연히 이루어질 것으로 생각하는 언어 소통의 장면에서 우리가 말하는 것과 청자들이 수용할 것으로 기대하는 맥락 사이에는 실제로 많은 어려움이 따르고 있다. 특히 현대의 커뮤니케이션은 다양한 대중매체를 통하여 화려한 방식으로 이루어지며 많은 양의 정보를 접하게 되어, 대중매체 특성에 대한 이해와 빠른 속도의 언어 이해, 정확한 언어 해독 능력이 요구되고 있다.

다양한 대중매체의 기본적인 특성과 제약을 올바르게 이해하고 이를 기반으로 구축되고 소통되는 대중매체 언어 · 비언어 기호의 활용 양상을 심층적으로 분석하는 활동은, 비단 학문적인 접근에 그치는 것이 아니라 실제 사회 생활에서 대중매체 언어를 효과적으로 활용할 수 있는 능력을 함양하는 데 도움이 될 수 있다.

가톨릭대학교 국어국문학전공 · 글로컬문화스토리텔링전공 학생들은 국어학 · 인문학 이론을 바탕으로 하여 영화, 광고, 웹드라마, 웹툰, 1인 방송, 가요 등 현재 우리 생활에 밀착되어 있는 다양한 대중매체 텍스트의 언어 양상을 살펴보고 소통 상황과 이론적 배경까지 창출해내었다. 이는 대학에서 배운 학문적인 접근에서부터 외부세계로 빠져 나가는 길에 자리 잡고 있는 결과물이라 할 수 있다.

더 넓은 세계로 도약한 학생들에게 고마운 마음을 전하며, 인문 역량 강화(CORE, COllege of humanities' Research and Education)라는 사회적 요구에 조금이나마 도움이 되기를 기대한다.

국어국문학과 교수  이 지 양 · 윤 신 원

# 차례

# 대중매체 언어 읽기를 위한 담론

## 1. 언어와 기호

언어는 의사소통을 위한 도구이다. 오랜 세월동안 사람들은 언어를 사용하면서, 그 안에 사상과 감정, 정서 등 인간의 사고와 관련된 여러 관념들을 담는 도구로 발전되었지만, 가장 초기 단계의 의사소통 수단이 자연언어이었을 것임은 따로 증명할 필요가 없어 보인다. 따라서 이 경우의 언어는 자연언어인 말과 글을 가리키는 것은 당연하다. 말은 청각적인 기호이며, 글은 말을 바탕으로 시각적인 기호로 전환된 것이다.[1]

초기 단계의 말과 글이 개인간의 소통을 목적으로 했다면, 현대의 말과 글은 거기에 멈추지 않는다. 복잡한 현대 사회는 복잡하고 다양한 방식의 소통이 필요하게 되었으며, 말과 글 자체도 끊임없이 변화, 발전되면서 사용되고 있다. 한편, 다양한 매체를 통한 소통이 이루어지는 세상에서 말과 글 -즉, 언어-만으로는 만족할 만한 단계의 소통과 이해가 이루어지지 않게 되었고, 그림, 음악, 음향, 영상, 색채 등 다른 방식의 기호들이 다양한 역할을 가지고 의사소통의 과정에 적극적으로 참여하게 되었다.

이에 따라 넓은 의미에서 소통을 대표하는 도구인 말과 글에 대당되던 개념인 "언어"는 말과 글이 아닌 다른 기호들과의 의미의 유사성에 따른 의미 전이가 일어나 의미가 확대되어, 때때로 언어는 기호와 동일한 뜻으로 사용되기도 한다.

---

[1] '글' 자체가 가지는 문자성과 구술성에 대해서는 여기서는 길게 논의하지 않을 것이지만, 근원적으로 글은 시각적 표현에서 출발한다는 것은 의심의 여지가 없다. (옹(1982)참조)

대중매체 언어 읽기를 위한 담론 7

그럼에도 불구하고 말과 글은 여전히 인간 사이에서 의사소통의 중심이
라는 위치는 상실하지 않을 것으로 보인다. 요약하면, 언어가 중심에 단단
히 자리하고 있으면서, 다른 많은 기호들이 의사소통의 다양성과 다채로움
을 만들어내어 인간 사이의 소통을 풍요롭게 해 주고 있다고 할 수 있다.


## 2. 매체 언어의 세상

현대 사회에 들어서면서, 문명의 발달은 인간의 의사소통 메카니즘을
획기적으로 변화시키고 있는데, 그 중심에는 새롭게 등장하는 많은 대중
매체들이 자리하고 있다. 시청각 매체와 인터넷 매체의 발전은 소통 방
식을 다양하게 만드는 한편, 정보 전달을 효과적으로 수행하기 위하여
각각의 매체들이 사용하고 있는 기호 사용 방식들도 많은 발전을 거듭하
게 되었다. 이에 따라 대중매체를 통한 소통량은 자연스럽고도 폭발적으
로 증가되고 있으며, 새로운 매체가 등장할 때마다 인간의 사회 생활 자
체도 커다란 변동이 야기되었으며, 그 결과 인간 사회 자체를 움직여, 그
전과는 다른 새로운 이야기 방식을 가진 사회로 변화시키고 있다.

매체에 따른 -때로는 특정매체만의 독특한, 때로는 다양한 기호들을
통해 다른 매체와 공유하게 되는- 다양한 기호들을 통해 현대적 인간들
은 다양한 방식으로 소통하게 되었고, 말과 글에 전적으로 기대는 단조
로운 의사전달 패턴의 세계로부터 풍요롭고 다채로운 기호들을 사용하
여, 복잡하지만 화려한 의사소통의 시대를 맞이하게 되었다.

새로운 매체가 사용하는 기호는 거기에 익숙하지 않은 사람들을 당혹
하게 만들기도 하지만, 그것이 이전의 매체를 대체하는 것이 아니라, 거기

에 층을 더해 다채롭고 풍요로운 전달 수단을 만든다고 받아들이는 편이 현대 사회의 정보 전달 방식에 적응하기에 유리할 가능성이 훨씬 크다.

## 3. 매체 언어의 기호적 특성

매체는 의미 생성과는 무관하게 단순히 전달 도구로 간주하는 견해도 있지만, 매체는 메시지에 깊숙이 관여할 수 있다.[2]

대중 매체들은 각각 그들 나름의 특성이 있고, 그에 따른 제약을 동반한다. 이들은 말과 글의 수사와는 또 다른 담화 방식을 가지게 되며, 매체 특유의 담화가 가지는 제약들과 긴밀한 관련을 맺으면서 스토리 자체의 구성에도 영향을 미치게 되는 필연적 과정을 거친다. 다시 말해, 한때는 전달 수단에 불과할 것이라고 여겨졌던 언어기호와 비언어기호들이 단순한 형식적, 통사적 절차에 그치는 것이 아니라, 전달할 내용의 인지적 제약 조건을 형성하여, 의미자체를 달리 전달할 방법을 요구하게 된다.

또한, 현대의 대중매체들은 하나의 기호에 의존하기보다는 다양한 기호들의 상호작용을 통한 방식을 최대한 활용하기도 한다. 매체간의 기호 차용 혹은 융합의 방식들이 그것을 극단적으로 잘 보여준다. 대중매체는 본유의 방식만으로도 다양한 기호의 활용이 가능함에도 불구하고, 다른 매체들의 독특한 특성을 차용하여 본래의 영역 밖으로 대담하게 나가는 일이 많아졌다.[3]

---

2) 최용호(2004)에서는 "텍스트가 전달하고자 하는 메시지의 의미를 만족스럽게 파악해 내기 위해서는 비단 이러한 통사론적인 프로그래밍뿐만 아니라 메시지의 산출 맥락이나 상황 등을 참조해야 하며 나아가 그동안 무감각한 것으로 간주되었던 매체에 대해서도 상당한 주의를 기울여야 한다."고 하여 매체가 단순히 매체가 단순히 메시지의 무감각한 코드화의 과정에 그치지 않고, 매체가 메시지에 깊숙이 관여할 수 있음을 설파하고 있다.

3) 시간이 흐를수록, 드라마의 장면에서 만화에서 사용되는 말풍선이나 생각 구름을 활용하는 사례, TV 프로그램들이 인터넷을 통한 쌍방향 소통 방식을 빌려와, 실시간으로 시청자의 반응을 화면에 올리는 예능 무수하게 많은 사례들이 등장하고 있다.

다음에서 매체에서 사용되는 기호의 종류들과 매체에서의 기호 사용 제약에 대해 간단히 알아보자.

## 1) 언어기호와 비언어기호

우리가 사용하는 기호는 크게 언어기호와 비언어기호로 나눌 수 있으며, 언어기호는 음성언어(말)과 문자 언어(글), 두가지가 전형적이다.

비언어기호는 아주 다양하며, 그 바깥 경계는 사실 모호할 수 있다. 명확한 형체가 없이 사용되는 기호들도 가능하기 때문이다. 대중매체들의 기호를 살펴보기 위해 제시할 수 있는 비언어기호들을 간략하게 들어보아도 "신체, 물건, 그림, 기호, 음향, 음악, 글씨의 모양/크기/색, 색, 빛, 표, 영상, 동작, 위치, (카메라의) 시선, (만화의) 칸/프레임/여백/말풍선" 등등 헤아릴 수 없이 많다고 하겠다.

만화의 비언어기호의 사례를 들어보자.

한 칸에 그려진 형상은 직관적으로 받아들이지만, 칸과 칸을 통해 분절된 프레임은 독자의 상상력 속에서 비직관적인 형상으로 새롭게 인지된다.

말풍선의 다양한 모양, 크기, 위치는 여러 가지 의미를 산출해 낸다. 예를 들면 말풍선이 상단에 위치할 때는 격앙된 심리를 보이고, 하단에 위치할 때는 가라앉은 말소리를 의미할 때가 많다. 글자 모양과 크기는 때때로 인물의 감정이나 목소리의 크기 등을 표현하기도 하며, 그림 기호는 일종의 효과음 역할을 담당한다. 예를 들어 전구 모양은 좋은 생각이 떠올랐음을 보여주고, 먹장구름은 비탄이나 절망을 암시하며, 보이지 않는 발이나 회오리 모양의 다리, 먼지 등은 속도감을 나타내 동영상을 대체하는 효과를 가져온다.

인간이 언어기호를 습득하는 방식과 비언어기호에 익숙해지는 방식은 다를 수 있다. 언어기호는 완벽하게 정보를 전달하는 기능을 가질 수 있지만, 태생적으로 추상적인 기호이므로 해독하기 위해서 다양한 사고의 과정이 필요하다. 반면 비언어기호는 단순하고 분명하게 표현되므로 즉각적인 의미 해독이 가능한 이면에는 피상적, 감성적 이해로 인한 정보의 왜곡이라는 장애물을 피하지 못할 가능성이 숨어 있다.

이렇게 되면, 매체언어의 수용자 관점에서는 감당하기 어려울 만큼 많은 수효의 기호와 의미 파악이 익숙하지 않은 기호의 함정이 도사리고 있지만, 일상 생활에서 쉽게 접할 수 있는 매체들을 읽을 때는 비언어기호들에 대한 기본적인 지식을 갖추는 일이 반드시 필요하게 된다.

## 2) 매체 언어의 제약

매체들은 각각의 매체들이 활용하는 기호도 다르고, 이에 따라 기호들을 유용하게 사용하기 위한 다양한 방식이 등장하고 있는데 이와 병행하여 매체들마다 가지고 있는 제약들도 달리 나타난다. 예를 들면 소설 삼국지와 이를 토대로 한 만화 삼국지, 영화로 만들어진 삼국지는 보여지는 기호만 다른 것이 아니라, 전달되는 메시지의 양과 질에서도 현격한 차이를 보인다. 영화로는 한 컷이면 되는 배경이 소설에서는 여러 줄 심지어는 여러 페이지로 묘사되어야 할 경우도 있다. 또한 영화는 시간적인 제약이 너무 커서(드라마와는 사정이 좀 다르다), 삼국지 전편을 영화화하는 일은 그 방법을 생각해 내기 어렵다. 만화는 공간적 제약이 작용한다. 그림이 차지하는 공간이 많은데, 소설의 한 장면이 만화에서는 여러 페이지에 걸쳐 묘사되어야 할 경우도 있다.

각각의 매체들이 사용하는 기호들의 차이는 매체들의 장점이자 단점이 된다. 매체 제작자들은 이러한 특성과 제약을 최대한 반영하면서 그들 나름대로 최상의 메시지를 전달하려 하게 된다.


## 4. 매체 언어 읽기의 의의

현대는 매체들에 등장하는 담화 방식들을 무심코 넘기지 않고, 그들만의 전달 방식을 인지하고, 이해하기 위해 관심을 가져야 하는 시대이다. 이제는 단순히 매체에 등장하는 언어텍스트만을 대상으로 정보를 올바르게 파악할 수 없으며, 여러 국면에서 매체 언어를 제대로 읽어낼 필요가 있으며, 이를 위한 교육도 충분히 이루어져야 한다.

대중매체의 특성을 잘 파악하고, 대중매체가 전달하는 정보와 전달 방식에 대해 비판적으로 수용할 수 있는 능력이 요구되며, 이러한 능력은 학교교육 뿐만이 아니라 일반인들을 위한 평생 교육의 관점에서도 아주 절실하다고 하겠다.

학교 교육에서는 "매체를 활용한 국어교육"과 같은, 단순히 말과 글을 위해 존재하는 수단으로서의 매체가 아니라, 매체의 특성에 대한 이해에 기반한 소통 교육이 이루어져야 하며, 평생 교육의 관점에서는 새롭고 지배적인 소통 방식을 이해하고 거기에 적응하기 위한 일반 시민 교육이 이루어져야 한다.

올바른 매체언어의 이해는 사회 안에서의 원활한 소통을 가능하게 만들어주며, 사회 갈등의 여지를 줄이고, 상호 이해할 기회를 더 넓혀 나갈 수 있게 한다.

# 참고문헌

강연임(2013), 매체와 텍스트, 한국문화사.

김욱동(2015), 디지털시대의 인문학, 소명.

김철관(2009), 영상이미지와 문화, 배재대출판부.

문혜성(2006), 미디어 교수법, 한국방송영상산업진흥원 아카데미총서 8.

배주영(2005), 디지털 애니메이션 스토리텔링, 살림.

오택섭 · 강현두 외(2015), 뉴미디어와 정보사회, 나남.

유재천 외(2011), 매스커뮤니케이션의 이해, 커뮤니케이션북스.

이성엽(2014), 그림책 해석의 공간, 마루벌.

장영직 · 이현석(2015), TV 예능 프로그램 자막에 차용된 만화적 표현 기법, 디지털 디자인
학연구 15.

주창윤(2005), 영상이미지의 구조, 나남.

최용호(2004), 의미의 설화성, 인간사랑.

최용호(2006), 텍스트의미론 강의, 인간사랑.

한국언론정보학회(2013), 현대사회와 매스커뮤니케이션, 한울아카데미.


Bolter,J.D.&Grusin,R., 이재현 역(2006), 재매개 : Remediation-Understanding New Media,
커뮤니케이션북스.

Fairclough,N., 이원표 역(2004), 대중매체담화분석 : Media Discourse, 한국문화사.

McCloud,S., 김낙호 역(2008), 만화의 이해 : Understanding Comics, 비즈앤비즈.

McQuail,D., 양승찬 · 이강형 역(2008), 매스커뮤니케이션 이론 : McQuail's Mass
Communication Theory, 나남.

Ong,W.J., 이기우 · 임명진 역(1995), 구술문화와 문자문화 : Orality and Literacy, 문예출판사.

# 매체 읽기에 대한 고찰

윤 신 원

## 1. 서론

현재 많은 텍스트들은 기존의 인쇄 매체 뿐 아니라 다양한 전자 매체를 통해 구현되고 있다. 기술의 발달은 책의 형태를 변화시켜 독자들은 일상생활에서 컴퓨터, 스마트폰, 태블릿 PC 등을 통해 텍스트를 경험하고 있다. 이와 같은 현상은 우리나라 독서 현장이 인쇄책을 매개로만 이루어지는 것이 아니라 전자책을 통해 텍스트를 향유하는 모습으로 빠르게 바뀌어 가고 있음을 보여준다.

텍스트를 작가와 독자의 상호 작용하는 의사소통 관점에서 본다면, 텍스트의 내용을 표현하는 형식인 담화에는 매체의 특성이 필연적으로 간섭하고 관여하게 된다. 각각의 매체가 가지고 있는 고유한 특성은 동일한 내용이라 할지라도 어떤 매체에서 구현되느냐에 따라 텍스트의 의미 차이를 유발한다. 또한 각 매체의 특성에 기반하여 하나의 텍스트가 완성되므로, 독자는 매체별 특성들을 통합하여 텍스트의 의미를 구성하게 된다.

이에 이 글에서는 인쇄책으로 제작된 그림책과 전자책으로 제작된 그림책을 비교하여 텍스트가 구현되는 매체 요인이 텍스트와 어떤 상호 작용을 하여 독자의 읽기 행위에 영향을 미치는지 살펴보고자 한다. 그림책과 전자책은 복합 양식 텍스트(multimodal text)[1]라는 공통점이

---

1) 복합 양식 텍스트란 시각적 이미지, 디자인 설계, 언어적 정보, 기타 의미를 포함한 다양한 양식들을 포함하여 정보를 제시하는 텍스트의 유형이다. Kress,G.&Jewitt,C., Multimodal Literacy, NewYork : Peter Lang, 2003, 1-18쪽.

있으나, 인쇄 매체와 전자 매체라는 각기 다른 매체의 특성으로 인해 의미 구성에도 차이를 보일 것이며, 이는 읽기 방식에도 차이를 가져올 것이다.

## 2. 매체 특성과 의미 구성

그림책은 그림과 문자를 정해진 공간에 배열하여 의미를 구성한다. 문자는 그림과의 공존을 고려하여 간략한 내용만 표현하며, 그림은 상징적인 장치를 사용하여 이야기를 전개한다. 그렇기 때문에 그림책에서는 펼친 면에 하나의 장면을 공간적으로 구성하여 이야기의 내용을 다층적으로 표현한다. 장면의 의미를 표현하는 다양한 그림들을 동시에 한 공간에 보여줌으로써 독자의 비선조적(non-linear)[2]인 읽기 방식을 유도한다.

그러나 전자책의 그림은 이야기 전개의 중요한 부분만 강조하여 보여주고 있다는 특성을 갖는다. 주인공의 심리와 행동을 초점화하여 장면을 구성하여 독자의 관심을 등장인물에게 강하게 집중시킨다. 또한 전자책은 이야기의 순서를 성우의 음성과 함께 차례대로 화면에 구성하며 독자를 이미 정해진 순서대로 선조적(linear)인 읽기를 하게 된다.

인쇄책과 전자책은 공간의 크기에도 차이가 있다. 인쇄책은 대부분 책을 펼친 양면에 한두 장면이 구성되어 의미를 전달한다. 인쇄책의 크기는 가로 470mm, 세로 290mm로 한 장면을 표현하는 펼친 면의 크기

---

2) 선조적(linear) 읽기란 읽기 경로가 명백하게 정해진 대로 따르며 읽는 행위를 뜻하며, 비선조적(non-linear) 읽기란 독자가 읽기 경로를 만들어 가며 읽는 행위를 뜻한다. 그림책과 같은 복합 양식 텍스트에서 읽기 경로는 주변부와 중심부가 끊임없이 연관되는 방사식이 될 수 있다. Evans,J., Literacy Move On, 정현선 역, 『읽기 쓰기의 진화』, 사회평론, 2011, 54~55쪽.

가 큰 편이다. 이에 비해 PC용 전자책은 기기의 화면이 책의 크기가 된다. 스마트폰과 같은 아주 작은 화면에서부터 컴퓨터 모니터와 같은 큰 화면까지 다양한 크기의 화면으로 전자책을 볼 수 있지만, 인쇄책의 크기만 한 화면은 쉽게 접하기 어렵다.

그러나 인쇄책보다 상대적으로 작은 전자책의 화면은 인쇄책의 한 장면을 그대로 보여주는 데 제약이 있게 된다. 인쇄책의 펼친 면의 그림을 전자책의 작은 화면에 그대로 보여준다면, 인쇄책의 작은 그림들은 더 작아지기 때문에 가독성이 낮아져, 독자가 작은 그림들의 의미를 구성하는 것 뿐 아니라, 전체 장면의 의미를 이해하는 데에도 어려움이 생긴다. 그러므로 전자책은 전자 매체의 작은 화면을 고려하여 인쇄책의 펼친 면을 그대로 한번에 보여주는 것이 아니라, 카메라의 움직임을 통해 한 장면의 구성 요소들을 크게 확대하여 나누어 보여준다.

또한 독자가 해석하는 데 시간이 많이 소요되는 상징적인 그림보다는 각 장면의 의미를 작은 화면에서도 정확하게 파악할 수 있는 그림을 선택하고 그 부분을 확대하여 보여줌으로써 이야기를 구성한다.

시간적 담화 특성을 살펴보면 인쇄책은 펼친 면에 한 장면을 모두 표현하는 매체 특성으로 인해 독자가 한 장면을 오랫동안 보면서 다양한 그림들의 의미를 찾는 시간을 허용할 수 있다.

그러나 전자책은 시간의 흐름에 따라 이야기가 진행되고 화면이 빠르게 전환되기 때문에 독자가 화면 아래 있는 정지 버튼을 클릭하지 않으면 한 장면을 자세히 읽고 생각하여 의미를 구성하기 어렵다. 이러한 전자책의 시간적 특성으로 인해 독자가 해석하는 데 시간이 많이 소요되는 상징적인 그림보다는 장면의 의미를 짧은 시간에 정확하게 파악할 수 있는 화면으로 구성하고, 한 화면에서 강조하는 그림의 크기를 크게 하여 독자들이 내용을 빠르게 이해하도록 도와주며, 장면의 차례와 시간을 생산자가 결정하여 독자는 제시되는 화면의 순서대로 책을 읽게 된다.

## 3. 매체 특성과 읽기 방식

이상과 같이 매체는 각각의 고유한 특성에 따라 다른 매체와 차별화되는 특성을 갖게 되고, 독자의 읽기 행위를 변화시키는 요인이 된다. 이 글에서는 매체 특성에 따른 읽기 방식을 의미 구성 방식, 읽기 경로(reading path), 텍스트와 독자와의 거리로 나누어 살펴볼 것이다.

첫째, 텍스트의 의미 구성 방식에 있어 전자책은 핵사건[4]을 중심으로 단순하게 구성한다면 인쇄책은 핵사건 이외에 위성사건들을 추가하여 복합적으로 구성한다. 전자책은 시간의 흐름에 따라 이야기를 순서대로 보여주는 매체 특성으로 인해 한 화면을 보여주는 시간을 여유롭게 제공하지 못하여 주인공이 주체가 되는 핵사건 중심으로 이야기가 진행된다. 그러나 인쇄책은 독자가 시간적 여유를 가지고 통합적인 의미 구성 활동을 할 수 있도록 펼친 면에 이야기의 핵사건과 위성사건을 중층적으로 구성한다.

이러한 매체의 특성에서 기인한 의미 구성 방식의 차이는 심리나 상태를 묘사하는 정태진술(stasis statement)[5]과 사건의 전개를 서술하는 행위 진술(process statement)로도 설명할 수 있다. 인쇄책에는 등장인

---

[4] '핵사건'은 서사 구조 내에서 연쇄적 흐름을 이루거나 우발성의 틀을 결정짓는 주요한 사건, 즉 줄거리를 형성하는 사건을 의미하며, '위성사건'은 핵사건을 보충하고 완성시키는, 생략이 가능한 사건을 의미한다. Chatman,S., 한용환 역, 『이야기와 담론』, 푸른사상, 2006, 63~67쪽.

[5] 정태진술은 '-이다(is)'의 양식으로 상태를 표현하고 행위진술은 '-하다(do)'의 양식으로 행위와 발생과 같은 이야기의 전개를 의미한다. 위의 책, 34~36쪽.

물의 심리를 묘사하는 정태진술에 해당하는 그림이 행동이나 표정, 배경 등에 함축되어 표현된다. 그러나 전자책은 정태진술보다는 등장인물의 행위 전개를 나타내는 행위 진술에 초점을 두고 이야기를 전개한다[6].

이러한 의미 구성 방식의 차이는 인쇄책과 전자책이 구현되는 매체의 시공간적 특성에서 기인한다. 한 장면을 펼친 면에 공간적으로 구성하는 인쇄책의 경우 등장인물의 심리가 나타나는 그림을 접하는 독자의 의식은 느리게 진행되지만 독자는 그 장면을 주의 깊게 읽게 된다[7]. 독자가 하나의 장면을 읽는 시간은 여유롭게 조정될 수 있으며, 공간에 펼쳐진 크고 작은 구성 요소들을 복합적이고 중층적으로 관련지어 의미를 구성하게 된다.

그러나 묘사하는 그림들은 독자에게 인물의 심리나 상태에 대한 정보를 주기 때문에 사건의 전개를 지연시킬 수 있다. 만약 전자책에 위성사건과 정태진술로서의 그림을 강조하는 장면을 삽입한다면 인쇄책과 같이 다채로운 의미 구성을 촉발하는 것이 아니라, 핵사건이 전개되는 흐름이 끊겨 전체 내용을 일관성 있게 파악하지 못하는 결과를 초래할 수 있다. 시간에 따라 화면이 순차적으로 제시되기 때문에 이전 화면을 기억하여 통합적으로 의미를 구성하는 데 어려움이 있기 때문이다.

그러므로 전자책에서는 정해진 시간 안에 줄거리를 빠르고 정확하게 이해할 수 있도록 핵사건을 중심으로 의미가 구성되며, 독자는 중심 내용을 빠르고 정확하게 파악하게 된다.

둘째, 인쇄 매체인 그림책은 그림과 문자가 복합적으로 구성되어 독

---

6) 물론 전자책에 주인공의 심리 묘사가 전혀 나타나지 않는 것은 아니다. 그러나 인쇄책에서 이러한 심리 묘사가 자주 보이는 것에 비해 전자책은 등장인물의 표정이나 사건의 전개에 중요한 장면에만 나타난다.
7) 윤신원, 「〈바리공주〉 개작작품의 담화 구조 분석」, 『어문연구』제148호, 2010, 485쪽.

자는 비선조적인 방식으로 책의 내용을 읽게 되며, 이는 문자라는 단일 양식(singlemode)으로 이루어진 책을 선조적으로 읽는 것과 차이를 보이는 읽기 경로라 할 수 있다. 그런데 전자책은 매체의 특성이 독자의 읽기 방향을 어느 정도 선조적으로 유도하고 있음을 발견할 수 있다. 전자책은 인물을 보는 순서가 화면 순서에 맞춰 결정되어 있어 명백하게 정해진 순서대로 읽기 행위가 이루어진다.

인쇄책을 읽는 독자의 시선은 먼저 이야기의 중심적인 핵사건에 머무르지만 주변의 위성사건이나 심리를 나타내는 그림으로 이동한다. 이후 독자는 핵사건과 위성사건 사이의 의미를 관련지으며 입체적이고 순환적인 비선조적 읽기의 경로를 보이게 된다. 이에 비해 전자책은 인쇄책의 장면을 핵사건을 중심으로 재배열하여 시간의 흐름에 따라 선조적인 읽기 방향이 결정된다.

이러한 매체별 읽기 경로의 차이는 읽기 목적이나 독자의 특성에 따라 매체 텍스트를 효과적으로 선택하여 활용할 수 있는 기준이 될 수 있다. 예를 들어 낮은 연령의 독자나 이야기의 흐름을 파악하는 독서 목적에는 선조적인 읽기가 지배적인 전자책이 더 효과적일 수 있다. 그러나 다양한 의미와 해석을 요구하는 독서 목적에는 인쇄책을 활용하는 것이 적합[8]하다.

셋째, 인쇄책과 전자책의 매체 특성은 텍스트와 독자와의 거리에서도 차이를 만든다. 독자는 독서 과정에서 등장인물에 공감하고 동일시하며 자신의 생각을 확장시킨다. 인쇄책은 등장인물에 대한 공감대 형성과 함께 등장인물과 상황을 객관화하여 바라볼 수 있는 자리에 독자가 위치한다면, 전자책은 등장인물과 독자의 거리가 좀더 가까워져서 등장인물에게 친근감을 느끼거나 동일시하는 정도가 증가하고 이야기에 더 깊게 몰

---

8) 옥현진, 「다중모드문식성」, 노명완·박영목, 『문식성 교육 연구』, 한국문화사, 2008, 232-233쪽.

입하게 한다.

인쇄책의 장면은 펼친 면에 구성 요소들을 모두 보여주기 때문에 카메라의 기법 중 롱숏(long-shot)[9]에 해당하는 장면이 대부분이다. 롱숏은 일반적으로 연극에서 관객과 무대 사이의 거리에 해당하며 어떤 상황이 진행되고 있는지 객관적으로 보여주는 의미를 가지고 있다.

사실상 그림책은 이야기를 전달하는 관습으로 볼 때 영화 같다기보다 연극과 흡사하다. 항상 동일한 거리와 각도로 등장인물들을 보며, 등장인물들의 얼굴이나 상체 등이 아니라 항상 신체 전부를 바라보게 한다. 이와 같은 시각적 거리는 등장인물과 동일시하는 감정과 객관적인 시각을 공존하게 한다[10].

그러나 전자책은 화면의 크기가 작기 때문에 인쇄책의 장면 중에 강조할 부분만 확대하여 주로 미디움숏(midium-shot)과 클로즈업숏(closeup-shot)으로 보여준다[11]. 미디움숏은 인물이 마주보고 서 있는 정도의 거리를 유지하고 클로즈업숏은 얼굴을 맞댈 정도로 가까운 거리를 유지하므로, 전체적인 상황보다는 인물에 집중하게 하여 주의를 끌고 인물의 감정을 수용자에게 쉽게 이입하여 동일시와 직접성을 구축한다.

또한 시각 매체인 인쇄책은 시각적인 기호만을 사용하여 이야기의 내용을 전개하고 심리를 묘사해야 하기 때문에 문자의 형태와 위치를 다양하게 변형한 타이포그래피(typography)[12]를 활용하여 특정한 목적을

---

9) 숏(shot)은 촬영시 카메라 위치를 움직이지 않고 촬영하는 단위이다. 롱숏은 전체적인 배경과 인물을 함께 나타내며, 미디움숏은 인물이나 대상을 좀더 구체적으로 보여준다. 풀숏(full-shot)은 인물의 머리부터 발끝까지 전신을 보여주며, 클로즈업숏은 대상의 한 부분을 크게 촬영한 숏으로 강한 인상을 표현하는 데 사용한다. 김철관, 『영상 이미지와 문화』, 배재대출판사, 2009, 78-79쪽.

10) Nodelman,P., 김상욱 역, 『그림책론 : 어린이 그림책의 서사 방법』, 보림, 2011, 414-416쪽.

11) 간혹 인물의 머리끝부터 발끝까지를 보여주는 풀숏이 사용된다. 롱숏도 인물 전체를 보여주지만 인물과 인물이 처한 상황을 객관적으로 보여준다는 의미를 갖는다면, 풀숏은 인물에만 집중하게 하는 차이가 있다.

12) 타이포그래피란, 글자 모양, 크기, 색, 위치 등 문자와 관련된 모든 조형적 표현을 의미하며 이러한 조형적 표현은 다양한 의미 효과나 유희 효과를 유발하는 목적으로 의도적으로 사용된다.

나타낸다. 독자는 문자와 그림을 통합하여 상상력을 기반으로 그 의미를 구성할 수 있다.

이에 비해 시청각 매체인 전자책에서 구현되는 카메라의 움직임과 소리, 애니메이션 효과 등의 매체 특성은 단순히 복합적인 감각의 자극으로 인한 흥미 효과만 유발하는 것이 아니다. 독자에게 현장감과 역동적인 느낌을 직접적으로 전달할 수 있으며 이야기에 대한 몰입도를 증가시켜 텍스트와 독자와의 거리를 가깝게 만들어 주는 장치가 된다.


## 4. 결론

이와 같이 매체가 가지고 있는 고유한 특성에 따라 상이한 의미 구성과 읽기 방식이 나타남을 알 수 있다. 인쇄책이 전자책으로 매체 변환되어 활발하게 개발되는 현시점에서 매체별 특성에 따른 읽기 방식의 차이를 검토한 이 글의 결과는, 인쇄책의 문학성을 타매체에서도 효과적으로 구현할 때 각각의 매체가 가지고 있는 고유한 특성이 반드시 고려되어야 하는 요인임을 시사한다. 또한 읽기 방식에 있어서도 읽기의 목적과 독자의 특성, 읽기 상황에 따라 가장 적합한 매체 텍스트를 선택하는 요인으로 활용될 수 있다.

매체별 고유한 특성은 텍스트의 의미 뿐 아니라 읽기 방식에도 영향을 미치는 요인이므로, 앞으로 텍스트를 매체 변환하여 생산하거나 읽기 목적에 따라 효과적인 매체 텍스트를 선별하고 수용하는 데에도 반드시 고려해야 하는 하나의 요인으로 활용할 수 있으리라 기대한다.*

---

* 이 글은 윤신원(2015), 매체 담화 특성에 따른 독서 행위 비교 연구, 인문콘텐츠 38을 수정, 보완한 글이다.

# 참고문헌

김철관, 『영상 이미지와 문화』, 배재대출판사, 2009.

옥현진, 「다중모드문식성」, 노명완·박영목, 『문식성 교육 연구』, 한국문화사, 2008.

윤신원, 「〈바리공주〉 개작작품의 담화 구조 분석」, 『어문연구』제148호, 2010.

Chatman,S., 한용환 역, 『이야기와 담론』, 푸른사상, 2006.

Evans,J., Literacy Move On, 정현선 역, 『읽기 쓰기의 진화』, 사회평론, 2011.

Kress,G.&Jewitt,C., Multimodal Literacy, NewYork : Peter Lang, 2003.

Nodelman,P., 김상욱 역, 『그림책론 : 어린이 그림책의 서사 방법』, 보림, 2011.

# 웹툰 : 만화계의 자유혁명

## −천계영 작품을 중심으로

유 지 현

## 1. 서론

이 글은 출판만화의 변종적 형태의 하나로 2000년대 새롭게 등장한 웹툰이라는 매체가 어떤 독특한 언어·비언어적 특성을 지니는지 분석하고, 기존 만화 시장의 주류를 이루었던 출판만화와 비교함으로써 웹툰만이 가진 특수성을 더욱 강조하고자 한다.

현재 한국의 만화시장에서 웹툰이 차지하는 비중은 출판만화를 뛰어넘어 해마다 증가하고 있다. 2016 만화 산업백서에 따르면 2016년도 전체 만화 이용자 중 오프라인 만화 이용자의 비율이 24.5%인 반면 온라인 만화 이용자의 비율은 75.5%로 과반수를 넘었다. 또한 이는 2015년 온라인 만화 이용자의 비중인 63%로부터 1년 만에 12.5%가 증가한 결과이기도 하다.

온라인 만화는 출판만화의 스캔본이 온라인 플랫폼에 게시된 것 역시 포함하는 개념이지만, 온라인 만화의 주 이용방법 조사에서 온라인 만화 이용 중 91.9%가 각종 포탈을 이용한 웹툰 이용임이 발견되었으므로 온라인 만화의 인기는 곧 웹툰의 인기로도 해석할 수 있다.

이러한 온라인 만화, 즉 웹툰의 독보적 인기는 언제 어디서나 쉽게 볼 수 있다는 높은 접근성과 편리성만으로 설명되지는 않는다. 온라인 만화

이용자의 절반 이상인 53.8%가 주로 만화를 이용한 장소는 출판만화에도 접근할 수 있는 장소인 집인 것으로 조사되었기 때문이다. 오프라인 만화에 접근하기 어려울 것으로 예상되는 장소인 이동수단, 사무실 등은 각각 35.5%, 5.9%로 뒤를 이었다.[1]

이렇듯 웹툰이 전체 만화시장을 장악해가며 크게 성장하고 있는 것은 단지 플랫폼의 편리함 뿐 아니라, 웹툰이 출판만화와는 다르게 현시대 대중에게 인기를 끌 수 있는 다양한 개성적 요소가 있기 때문인 것으로 보인다. 웹툰이 대중으로부터 사랑받을 수 있게 하는 고유한 특성을 분석하는 것은 만화 이용자들의 기호와 요구를 보여주고 그를 충족시킬 전략을 찾는 기초가 됨으로써 국내 만화시장의 발전과 부흥에 기여할 수 있을 것이다.

또한 웹툰은 현재 대중문화에서 문화적 원천(source)으로서 가장 각광받고 있는 매체 중 하나다. 2016년 이미 각 플랫폼에서 영화, 드라마 및 공연 등으로 방영되었거나 되기 위해서 판권이 판매된 웹툰의 수는 총 73작품이었고, 영상화가 이루어졌거나 예정된 작품은 약 110여 작품에 달했다.[2] 이처럼 웹툰은 영화, 드라마, 공연 등을 포함하여 다른 매체로 활발히 변용되고 있으며 특히 영상화되는 일이 잦다. 2018년에도 〈김 비서가 왜 그럴까〉[3], 〈신과 함께〉[4] 등이 드라마, 영화로 새롭게 영상화되었다. 과거 출판만화 시절에도 변용 사례는 있었지만 현재 웹툰의 다양한 변용 사례에 비하면 그 종류과 수가 현저히 부족했다.

그러나 웹툰의 다양한 활용에는 아직 충분한 연구와 논의가 따르지

---

1) 한국콘텐츠진흥원 정책연구실(2017), 『2016 만화 산업백서』, 한국콘텐츠진흥원, p.4.

2) 한국콘텐츠진흥원(2015), 『웹툰 산업 현황 및 실태조사』, p.63.

3) 김명미, 〈김 비서가 왜 그럴까〉, 카카오페이지, https://page.kakao.com/home/48704250?categoryUid=0&subCategoryUid=0

4) 주호민, 〈신과 함께〉, 네이버 만화, https://comic.naver.com/webtoon/list.nhn?titleId=697685

못 하고 있다. 웹툰의 독특한 요소를 충분히 고려하지 않은 채 타 매체로의 변용이 일어나고 있기 때문에 웹툰의 고유한 재미나 메시지를 놓치는 한계를 보이는 피상적 변용이 대다수인 것이 현실이다. 영상화라는 매체 변용이 일어나는 과정에서 고려해야할 이야기 전개 방식의 변화, 매체 간 연출적 차이 등이 무시되고 대중의 인기를 끌 수 있을 법한 이야기의 전개에 치중하는 경우가 있다.[5]

지난 2018년 6월 개봉한 영화 〈여중생 A〉의 원작[6]은 흑백톤과 제한된 컬러의 사용이라는 연출적인 요소를 통해서 고유의 분위기를 부각시켰다. 웹툰 〈여중생 A〉의 13화에서, 게임 속의 세계는 다채로운 색을 사용하여 표현한 반면 인물이 살고 있는 현실 세계는 흑백으로 표현해 환상적 공간과 현실을 효과적으로 대비시켰다.

한 화 한 화를 짧은 호흡으로 제시해 단조로움을 피할 수 있었던 것도 큰 장점이었다. 웹툰 〈여중생 A〉에서는 주인공이 게임 속 전투에서 패배하고 과거의 일기를 뒤적이다가 잠이 드는 것으로 13화가 마무리 되고, 바로 이어지는 14화에서는 장면을 연속시키지 않고, 주인공이 체육시간에 짝을 정하기 어려워하는 내용으로 새롭게 구성된다. 매 화의 이야기가 연결되지 않고 단편적으로 구성되는 것은 아니지만, 이야기의 흐름을 길게 가져가지 않고 새롭게 시작되고 또 금방 끝나는 하루의 일상을 주된 단위로 채택하여 한 화를 구성함으로써 일상적으로 반복되는 소외감 같은 정서를 지루하지 않게 환기할 수 있었다.

그러나 영화 〈여중생 A〉는 이와 같은 기존의 특성을 고려하지 못 한

---

5) '만화와 영상은 이야기를 다루는 방식이 달라 각색 과정에서 원작의 인기 요소를 잃어버릴 수 있다는 게 문제로 지적된다. 또 제작자들이 영상의 흥행 법칙을 끼워 넣는 바람에 원작이 가진 고유의 매력이 훼손되기도 한다.' 이담비, 「익숙해진 '웹툰 영상화'… 원작 훼손? 재해석? 계속되는 논란」, 국민일보, 인용일자 2018.12.16, http://news.kmib.co.kr/article/view.asp?arcid=0011861110

6) 허5파6, 〈여중생A〉, 네이버 만화, https://comic.naver.com/webtoon/list.nhn?titleId=647946

채 줄거리만을 부분적으로 가져오는 수준에 그쳤다. 주인공의 수난과 성장과 극복이 모두 한 흐름으로 제시되어 원작의 신선한 느낌을 주지 못했고, 원작의 가장 큰 특성이던 흑백과 색의 대조 등의 연출도 전혀 활용하지 않았다. 모든 특성을 그대로 가져올 필요는 없지만 효과적인 변용이라는 평가를 받기 위해서는 원작의 다양한 특성을 분석하고 이해해서 새로운 매체로 재창작하는 과정이 필요하다. 영화 〈여중생A〉는 이런 과정을 충분히 거치지 못 했다. 그 결과로 높은 인기를 끌고 작품성으로도 인정받았던 원작과는 달리 영화 〈여중생A〉는 누적 관객수 9만 7천 여명, 기자 · 평론가 평점 6.00으로[7] 흥행과 작품성 인정에 모두 실패하였다. 이렇듯 원작의 특성을 충분히 고려하여 매체 변용을 시도했는지 피상적으로 접근했는지는 변용된 새 작품의 흥행에도 영향을 끼치게 된다.

따라서 웹툰의 어떤 특성이 대중의 지지를 받고 있는지를 분석하는 것은, 타 매체로의 변용에서 그 특성을 어떻게 효과적으로 활용할 수 있을지 모색하는 과정의 초석이 됨으로써 현재 활발히 일어나고 있는 웹툰의 OSMU(One Source Multi Use, 다각적 활용)를 한층 발전시키는 데에 기여할 수 있을 것이다.


## 2. 웹툰의 비언어적 특성 분석 : 천계영 작품을 중심으로

이제 웹툰과 출판만화의 특성을 실제 작품을 바탕으로 비교해볼 것이다. 웹툰(Webtoon)이란 웹사이트의 '웹(Web)'과 '카툰(Cartoon)'의 합성어이다. 넓은 의미에서 인터넷 미디어를 통해 연재되는 만화 전체를

---

7) 네이버 영화, https://movie.naver.com/movie/bi/mi/basic.nhn?code=168405

가리킨다.[8] 인쇄 및 출판되는 지면이 아닌 디지털 공간에 이미지와 언어가 배치되고, 그에 따라 발생하는 출판만화와 비교되는 웹툰만의 고유한 특성이 나타난다. 그러나 두 매체 사이에 나타난 차이점이 매체가 다르기 때문에 나타난 것인지, 작가나 작품 자체의 특성이 달라 나타난 것인지 혼동될 수 있다. 그러므로 같은 작가의 다른 매체를 비교 관찰함으로써 작가의 개성에 구애받지 않고 매체의 차이에 보다 집중할 수 있을 것이다.

이 글에서는 작가 천계영의 작품을 중심으로 살펴보고자 한다. 예시가 될 작품으로는 천계영의 출판만화 〈오디션〉[9], 그리고 웹툰 〈좋아하면 울리는〉[10]을 각각 선정하였다. 선정 이유는 천계영이 출판만화와 웹툰 각 분야에서 모두 매체의 특성을 잘 활용하여 입지를 다진 작가이기 때문이다.

〈오디션〉은 네 명의 주요인물이 밴드를 구성하고 오디션에 참가해 음악가의 꿈을 이루려는 내용을 담은 소년만화다. 1998년부터 2001년까지 순정만화잡지 '윙크'에 연재되었고 1999년에는 문화체육관광부가 주최하고 한국만화영상진흥원이 주관하는 '올해의 우리 만화상'을 수상하였다. 〈좋아하면 울리는〉은 좋아하는 마음을 수치화하여 알람을 통해 알려주는 휴대폰 어플리케이션을 두고 펼쳐지는 인물들의 갈등, 성장, 사랑 등을 그린 웹툰으로, 2014년 '다음 만화속세상'에서 연재를 시작하였고 2018년 현재 시즌7 연재를 마치고 휴재중이다.

---

8) 윤기헌 · 정규하 · 최인수 · 최해솔(2015), 「웹툰 통계 분석을 통한 한국 웹툰의 특징」, 『만화애니메이션 연구』, 38호, p.181.

9) 천계영(2011), 『오디션 2』, 서울문화사.

10) 천계영, 〈좋아하면 울리는〉, 다음 만화속세상, http://webtoon.daum.net/webtoon/view/joalarm

## 1) 세로 스크롤 형식

출판만화가 한 눈에 들어오는 양분된 두 페이지에 장면을 집약시키고 페이지를 넘기며 감상하는 방식인 것과 달리 웹툰은 세로로 쭉 이어지는 연결된 이미지를 스크롤을 넘겨가며 감상하게 된다.[11] 〈오디션〉과 〈좋아하면 울리는〉을 비교해보면 이것이 출판만화와 웹툰의 근본적 형식 차이임을 알 수 있다. 한 페이지 당 2~3컷이 배치된 양 쪽의 페이지를 넘겨가며 읽는 〈오디션〉과는 달리 〈좋아하면 울리는〉은 하나의 흐름으로 길게 이어진 세로 이미지를 아래로 내리며 읽는 방식이기에, 페이지를 넘김으로써 앞 뒤 장면의 완전한 분리가 일어나는 출판만화와는 달리 운동성 있고 자연스럽게 이미지가 전환된다는 느낌을 받게 된다.

〈좋아하면 울리는〉 7화에서는 여자주인공이 남자인물로부터 등을 돌리고 걸어가다가 남자주인공이 나타나 따라가고, 두 인물이 함께 걷게 되는 과정을 스크롤을 내리는 과정에서 자연스럽고 연속적으로 인식하게 된다. 반면 〈오디션〉 2권에서는 새로운 인물이 등장할 때마다 페이지를 분리함으로써 오히려 기존의 흐름이 깨지고 새 인물에 집중하게 되는 효과를 더욱 부각시켰다.

지면 공간의 활용도 달라졌다. 한정된 지면에 내용을 집약적으로 담아내야 했던 〈오디션〉 2권에서는 인물이 음악 한 곡을 피아노로 연주하고 주변 인물이 감상하는 과정을 한 페이지 만에 모두 담아냈다. 이 외에도 밴드의 공연과 관중의 환호를 두 페이지 안에 담아내는 등 집약적인 공간 활용이 돋보인다.

반면 〈좋아하면 울리는〉 2화에서는 여자주인공이 숨을 몰아쉬는 순

---

11) 최유남(2011), 「웹툰에 나타난 연출의 특징」, 『한국만화애니메이션학회 학술대회자료집』, p.19.

간의 장면을 파란 하늘에서부터 인물의 발끝까지 길게 펼쳐 조망함으로써 스크롤을 내리며 감상하는 시간을 연장시킨다. 이외에도 두 인물이 계단의 위와 아래에서 서로를 마주보는 장면을 한 화면에 담기지 않을 정도로 세로로 길게 배치하는 등 집약성보다는 연장성이 눈에 띈다. 웹툰이 한정된 지면이라는 공간적 제약으로부터 벗어났기 때문에 가능한 변화로 보인다.

이렇게 장면을 넘기고 감상하는 방식이 달라지면서 독자들이 감상할 때의 느낌도 상당히 달라졌다. 〈오디션〉은 페이지의 전환이 일정하게 일어나야만 하므로 오히려 그것을 활용하여 극적인 연출을 시도하는 모습이 자주 나타났다. 한 페이지에서 다음 페이지로 넘어갈 때 새로운 인물을 등장시키거나 내용적 파격을 배치해 앞과 뒤의 반전을 연출한 것이다. 그러나 이와 같은 연출적 목적이 없다면 페이지의 전환은 불가피하게 감상의 흐름을 다소 해칠 수밖에 없었다.

반면 〈좋아하면 울리는〉은 장면과 장면이 자연스럽게 이어지며 구성되는 연속적인 흐름이 쉽게 깨지지 않는다. 따라서 독자의 몰입이 방해받지 않고 한 화를 한 번에 연달아 쉬지 않고 읽게 된다.

## 2) 칸의 변화

연장선에서 관찰할 수 있는 특성이 바로 칸의 변화이다. 만화의 가장 큰 특징에 해당되는 칸은 칸의 테두리가 있으며, 장면과 장면을 구분 짓는 중요한 역할을 한다. 하지만 웹툰은 웹 환경의 특성상 세로식 연출로 인해 칸의 변화가 일어난다.[12]

---

12) 최유남(2011), 「웹툰에 나타난 연출의 특징」, 『한국만화애니메이션학회 학술대회자료집』, p.19.

우선 〈오디션〉에서는 모든 장면이 직사각형의 칸으로 분리되고 있다. 반면 〈좋아하는 울리는〉 5화에서는 칸의 경계가 아예 존재하지 않는 장면도 있다. '제가 멀리서 이렇게 막 걸어오다가'라는 대사와 함께 칸 없이 인물의 형태만 나타나있어 인물이 공중에 붕 뜬 채 자유롭게 걸어다니는 것 같은 역동성이 강화되었다. 해당 회차에서 주인공이 살고 있는 집을 비추는 장면으로 넘어갈 때에도 칸의 테두리가 없다. 앞의 여백과 내레이션으로부터 자연스럽게 다음 장면이 이어져 등장한다. 2화의 후반부에는 3개의 장면이 연달아 칸의 구분 없이 제시되었고 그 사이에 인물의 독백이 배치되었다. 이에 따라 장면간의 연속성과 연결성을 강화할 수 있었다. 페이지가 해체되고 스크롤을 내리며 연속적인 감상이 가능하게 되었듯이, 웹툰 〈좋아하면 울리는〉에서는 장면과 장면의 명확한 구분인 칸의 경계가 모호해지며 이어지는 장면 간의 이질감이 거의 느껴지지 않게 되었다.

또한 장면과 장면 사이 구분이 흐려지면서 내레이션과 대사 등이 장면들 사이를 침투하고 침범할 자유가 생겼다. 〈오디션〉 2권에서 모든 내레이션과 대사는 칸 안에 귀속되어있다. 칸의 테두리를 다소 벗어난다고 해도 다음 장면을 침범한다는 느낌을 줄 정도는 아니다. 그러나 〈좋아하면 울리는〉 7화에서 남녀가 골목까지 함께 걸어가는 장면에 배치된 9개의 내레이션은 각각 어떤 장면에 귀속되는지 구분하기 어려울 정도로 자유롭게 위치해있다. 웹툰에서 칸이 붕괴되며 언어적 요소 배치가 자유로워진 것이기도 하지만 반대로 언어적 요소가 자유롭게 배치되면서 더더욱 장면 간의 경계를 허물고 독자가 칸과 칸, 장면과 장면을 엄격하게 구분하지 않고 작품을 연속적으로 감상하게 하는 효과를 강화하기도 한다.

이렇듯 웹툰은 출판만화에 비해 장면과 장면을 구분하는 칸의 경계가 모호해졌고 경계의 부재를 활용한 다양한 연출 방식이 등장했다. 즉, 〈오디션〉은 장면과 장면이 칸의 테두리로 인해 확실하게 구분되어 각각 완전히 다른 장면이라는 인식이 강했지만 〈좋아하면 울리는〉에서는 그 칸을 적극적으로 허물어, 구분되는 두 장면인지, 연속된 하나의 흐름인지에 대한 인식이 모호해졌다. 그에 따라 연속성을 극대화하는 연출을 시도하는 모습도 발견되었다.

### 3) 여백 : 외화면의 적극적 활용

〈오디션〉을 보면 칸 밖의 공간, 즉 여백은 작가의 개인적인 사족을 짧게 추가하는 공간으로 쓰이는 등 만화에서 매우 제한적인 역할만을 수행하거나 아무 역할도 부여받지 못 하고 있다. 페이지는 여러 개의 칸으로 빽빽하게 채워지고 칸 테두리의 밖에는 거의 공간이 없다.

그러나 〈좋아하면 울리는〉에서는 여백이 상대적으로 훨씬 적극적으로 활용된다. 1화 후반부에서는 칸과 칸 사이의 여백이 길고, 빈 화면은 내레이션과 꽃잎이 날리는 등의 효과로 채워진다. 꽃잎이 배치된 여백은 전반적으로 낭만적인 분위기를 형성하고, 인물의 독백인 '차라리…'와 '아무것도 몰랐더라면!'의 사이에 한 화면을 넘는 길이의 여백이 존재함으로써 읽는 속도가 느려지는 효과가 발생한다. 이렇게 스크롤을 내리며 감상하는 웹툰의 특성 상 여백을 길게 연장해서 작가의 의도대로 잠시 호흡을 끊거나 속도를 늦출 수도 있다.

한편 독자에게 인식되는 장면의 밖에서 들리는 소리 등을 묘사하는 기능도 발견되었다. 〈좋아하면 울리는〉 2화 중반부 주인공이 달리는 장면 전의 여백에서는 '헉 헉'이라는 소리가 미리 제시되어 주인공이 달리는 장면이 이어질 것임을 암시한다. 이후 '두근두근'이라는 의성어도 비슷한 기능을 수행하며 독자가 보고 있는 화면 밖에서 인물의 심장이 뛰고 있다는 것을 알린다.

배경이 칸 안에만 갇히지 않고 칸 밖의 여백에도 배치되며 분위기를 더욱 강렬하게 표현하는 기능을 갖는다는 것도 볼 수 있다. 〈좋아하면 울리는〉의 151화 후반부를 보면 주인공이 상대의 배신을 알게 되며 분위기가 급격히 심각하게 전환되는데, 이 때 그 분위기를 표현하는 검은 배경이 해당 장면의 칸 테두리를 벗어나 주변 여백에도 사용되면서 테두리 안과 밖의 분위기 상의 괴리를 줄인다. 칸과 칸이 여백 없이 붙어있었다면 이런 연출은 불가능했을 것이기 때문에 칸 간의 괴리를 줄이기 위해 다른 방법을 사용해야했을 것이다. 유사한 연출을 시도한다고 해도 〈오디션〉과 같은 출판만화는 칸 밖의 여백 공간 자체가 협소하기 때문에 웹툰 만큼 적극적으로 공간을 활용하기는 어렵다. 〈좋아하면 울리는〉은 칸과 칸 사이마다 길고 짧은 여백이 배치되는 형식을 취하기 때문에 이렇게 자연스러운 분위기 전환을 시도하는 모습이 자주 포착된다. 앞 회차인 150화, 그리고 뒷 회차인 152화 등에서도 칸 안에 사용된 배경효과가 주변 여백에도 사용되고 있다.

웹툰에서 확장된 여백에 언어적 요소를 배치할 수 있게 되기도 했다. 〈오디션〉 2권에서는 대사나 내레이션이 장면을 완전히 벗어나 여백에만 위치하는 경우는 한 번도 없었다. 그러나 〈좋아하면 울리는〉에서는 매우 빈번하게 나타나, 7화에서는 대사와 내레이션이 칸 안에 배치되는 경우보다 칸 밖 여백에 배치되는 경우가 더 많았다. 그에 따라 언어적 요소는 칸 속의 장면을 가리지 않고도 존재할 수 있게 되었고, 그 활용 자체가 〈오디션〉보다 〈좋아하면 울리는〉에서 대폭 증가되었다.

앞서 세로스크롤 혹은 칸의 변화 등의 항목에서 웹툰은 출판만화와 달리 지면의 양적 한계에서 벗어날 수 있었음을 살펴보았다. 그에 따라 웹툰은 장면이 배치되지 않은 칸 밖의 빈 공간을 넓게 사용할 수 있게 되었다. 칸 밖의 공간이 협소해 제한적인 기능만을 부여할 수 있었던 출판만화와 달리, 배경 이미지를 삽입해 작품 내 분위기를 형성하거나 전환하고 내레이션, 대사 등을 배치하는 연출을 할 수 있었다.

## 4) 색의 활용

인쇄비용 상의 문제로 대부분 흑백으로 표현되었던 출판만화 특성상 〈오디션〉 역시 표지를 제외하고는 전권이 흑백으로 출간되었다. 이와 달리 웹툰 〈좋아하면 울리는〉은 다채로운 색을 활용한다. 이에 따라 색 역시 웹툰의 분위기를 구성하는 주요한 요소가 되었다.

148화에서는 두 남녀 인물이 갈대밭에서 만나는 장면들이 이어지는데, 두 인물이 칸 안에 작게 잡히고 파란 하늘이 뒤로 넓게 펼쳐진다. 만약 이 장면이 흑백으로 표현되었다면 칸 안의 넓은 공간에 아무것도 존재하지 않게 되는 것이다.

〈오디션〉은 이런 흑백의 단조로움과 공허함을 극복하기 위해서 배경을 세밀하게 묘사하고 다양한 사물을 배치해야 했다. 2권에서는 칸 내의 여백이 많지 않도록 인물과 사물을 비교적 크고 꽉 차게 배치하고 있고 사무실 안, 집 앞 등의 공간적인 배경을 매우 세심하고 사실적으로 표현해냈다. 심지어 분위기를 조성하기 위한 상상의 공간인 공동묘지, 밤하늘 등도 구체적으로 표현했다. 〈좋아하는 울리는〉이 분위기 묘사를 위해 단색의 배경과 다양한 색의 패턴을 자주 활용하는 모습과는 대조적이다.

〈좋아하면 울리는〉은 구체적인 사물이 없이 색의 활용만으로 다양한 분위기를 나타내며 풍부한 느낌을 준다. 155화에서도 단색의 배경이 쓰였고 거대한 건물을 묘사할 때는 〈오디션〉에서 명암 등을 활용해 사실적으로 묘사했던 것과는 달리 명암도 없이 단순한 형태로 묘사하고 있지만, 자주색, 연분홍색, 파란색 등 다채로운 색을 배치해 단조로움을 피하려고 시도한다. 〈좋아하면 울리는〉은 이처럼 대부분의 배경을 묘사할 때 색을 다양하게 활용하였고 명암 등의 사실적 묘사는 〈오디션〉에 비해 확연히 줄어들었다. 157화에는 학교라는 공간 배경과 자동차 등의 사물이 화려한 색채로 표현되었지만 〈오디션〉과 같은 명암 묘사는 없었다.

　정리하면, 〈오디션〉과 같은 출판만화는 색을 제한적으로 쓸 수 있었고 흑백의 단조로움을 탈피하기 위해서 사물과 인물, 배경을 묘사할 때 명암 및 세부 요소들을 살려 구체적이고 사실적으로 표현해야 했다. 이에 비해 〈좋아하면 울리는〉을 비롯한 웹툰은 풍부하고 다양한 색을 활용하여 독자들에게 시각적 즐거움을 줄 수 있게 되었고, 색을 강렬하게 쓰는 대신 배경, 사물의 묘사는 상대적으로 간소화하는 등의 연출도 활용할 수 있게 되었다.

## 3. 결론

　웹툰은 기본적으로 그림이라는 직관적인 표현으로 이루어진 만화매체의 일종이라고 볼 수 있으나, 출판만화와는 다른 독특한 비언어적 특성들을 보였다. 천계영의 출판만화 〈오디션〉과 웹툰 〈좋아하면 울리는〉을 비교 분석함으로써 웹툰의 독특한 특성을 보다 세밀하게 살펴볼 수 있었다.

웹툰은 세로로 스크롤을 올리고 내리며 감상하는 방식을 채택하고 있어 세로로 긴 공간을 확보할 수 있고 칸을 통한 장면의 구분이 모호해졌다. 이에 따라 칸의 경계에 국한되지 않는 자유롭고 창의적인 연출이 가능해졌다. 또한 칸 밖 여백의 기능이 대폭 확대되어 긴 여백으로 작가가 독자의 감상 속도를 조절하거나 여백에 내레이션, 대사 등을 폭넓게 배치할 수 있게 되었다. 그리고 출판 비용의 한계를 벗어남으로써 웹툰은 출판만화에 비해 훨씬 다채로운 색을 표현할 수 있게 되었다. 이에 따라 다양한 색채만으로 풍부한 묘사를 할 수 있게 되었으므로 배경묘사에서 명암 묘사 등의 세부적인 묘사가 대폭 생략되었다.

이상과 같이 웹툰은 단지 출판만화의 각 칸을 세로로 길게 배치해 놓은 매체가 아니라 다른 매체와 구별되는 고유한 언어특성을 보이는 독자적인 매체이며, 출판만화와는 매우 다른 특성을 지닌다. 출판만화에 비해 웹툰의 역사가 매우 짧다는 점을 고려한다면 앞으로 지금까지 시도하지 않았던 실험적 연출도 점차 확대되고 발전해갈 수 있을 것임을 예상할 수 있다. 이처럼 끊임없이 변화하며 사회가 원하는 모습에 그때그때 발을 맞출 수 있는 트렌디함과 새로운 요소를 접할 수 있다는 신선함이 대중이 웹툰을 즐기고 사랑하게 하는 요소가 아닐까?

# 웹 드라마에 나타난 언어 · 비언어적 요소 탐색

김 지 수, 이 나 영, 지 선 영

## 1. 서론

### 1) 연구목적

21세기 디지털 미디어 사회로 들어서며, 대중문화 역시 색다른 전환점을 맞았다. TV나 컴퓨터보다는 휴대하기 편한 스마트폰이 대중들에게 인기를 끌며, 미디어 또한 트랜드에 맞춰 변화하기 시작한 것이다. 소비자들은 언제 어디서나 스마트폰으로 영상물을 시청할 수 있게 되었으며, 짧은 시간에 빠르게 즐기기 좋은 웹 드라마 또한 계속해서 인기를 끌고 있다.

웹 드라마(web-drama)란 '인터넷을 통하여 방송되는 드라마'로, 비교적 짧은 재생시간을 가지고 있는 것이 가장 큰 특징이다. 때문에 간편하게 즐기는 문화를 일컫는 '스낵컬쳐(snack culture)'에 속하기도 한다. 또한 영화나 TV와는 달리, 시공간의 제약 없이 쉽게 접근 가능한 '모바일' 매체를 송출 플랫폼으로 사용함으로써 주 시청 연령층이 다양하고 누구나 부담 없이 즐길 수 있다는 장점을 가지고 있다.

한국 웹 드라마는 2010년 〈할 수 있는 자가 구하라〉와 2014년 〈후유증〉, 2014년 '네이버TV'의 〈출중한 여자〉의 방영을 시작으로, 2018년 '플레이리스트'에서 제작한 화제의 웹 드라마 〈에이틴〉에 이르기까지 계속해서 활발한 변화를 보여주고 있다.

네이버나 유튜브 같은 포털사이트뿐만 아니라, 지상파 방송사까지 웹 드라마에 도전하기 시작하며 웹 드라마는 그 어느 때보다 호황기를 맞고 있다.[1] 가장 큰 포털사이트 웹 드라마 플랫폼인 네이버의 TV캐스트를 통해 방영된 웹 드라마만 해도 약 110편 이른다. 또한 지상파 방송사인 KBS는 홈페이지에 웹 드라마 범주를 신설하고, MBC는 2부작 창사특집극 〈퐁당퐁당 LOVE〉를 제작했으며, 종편채널 JTBC는 드라마를 방송하기 전, 네이버 TV캐스트를 통해 프리퀄 형식으로 웹 드라마를 먼저 내보냈다.

또한, 단순히 웹 드라마 방영에만 그치지 않고 웹 드라마를 기반으로 각색된 연극이나 책, 영화 등이 함께 인기를 끌며 웹 드라마에 대한 소비자와 제작자들의 관심은 더욱 더 높아졌으며, 협찬 물품이나 OST 등 2차적 이익 역시 점차 증대함으로써 웹 드라마는 그 영향력을 점차 넓혀가고 있다.

이 글은 1세대 미디어 송출 플랫폼이었던 TV나 영화 스크린과는 달리, 웹 드라마만의 특성이 무엇인지 분석하는 것을 1차적인 목표로 삼는다. 특히 '대사'와 '자막'을 중심으로 한 언어적 요소의 차이와, '샷(Shot)', '시간(Time)'을 중심으로 한 비언어적 요소를 다른 플랫폼과 비교해 중점적으로 살펴보며 웹 드라마만이 가지는 고유한 특징을 다각도로 탐색하고자 한다.

---

1) 한국콘텐츠진흥원 산업진흥정책본부(2017), 「2016 방송영상산업백서」, 한국콘텐츠진흥원, p.103.

## 2) 분석 대상

이 글에서는 분석대상을 TV채널 방송사인 JTBC 소속 '룰루랄라 스튜디오'에서 제작한 〈시작은 키스〉, 대중들에게 웹 드라마의 흥행을 이끌어내며 시리즈물로 기획 연재된 〈전지적 짝사랑 시점〉, 연극이나 OST 등 다양한 방면으로 웹 드라마의 지평을 넓힌 〈연애플레이리스트〉로 삼았다.

〈시작은 키스〉는 2018년 1월에 제작되어 4월까지 방영된 20부작의 웹 드라마로, 룰루랄라 스튜디오가 제작했다. 네이버TV, 페이스북, OKSUSU, 유튜브를 통해 방영되었으며 신도현, 김관수, 공유림, 노성수 총 4명의 배우들이 출연하여 로맨스를 보여준다.

〈전지적 짝사랑 시점〉은 2016년 10월 시즌1 방영 이후 2017년 1월 시즌3까지 제작된 웹 드라마다. 와이낫미디어가 제작했으며 네이버TV, 페이스북, 유튜브를 통해 방영됐다. 시즌마다 등장인물의 변동이 있지만 주로 '짝사랑'에 관한 이야기를 담았다.

〈연애플레이리스트〉 역시 2017년 6월 시즌1을 시작으로 2018년 10월 시즌3까지 방영된 시즌제 웹 드라마다. 플레이리스트가 제작했으며 V LIVE, 네이버TV, 페이스북, 유튜브 등 다양한 채널을 통해 방영되었다. 정신혜, 김형석, 김우석 등의 배우들이 캠퍼스에서 일어나는 로맨스를 보여준다.

## 2. 본론

### 1) 웹 드라마의 언어적 특성

　모바일 플랫폼의 시대가 도래와 함께, 그에 맞는 다양한 콘텐츠들이 생산되기 시작했다. 그 콘텐츠들은 기존의 TV 방송사들의 콘텐츠들과 흡사한 점이 매우 많다. 그 기본은 TV 방송사들의 콘텐츠에서 가져온 것이기 때문이다.

　그렇지만 짧아진 러닝타임과 작아진 화면 등 모바일 플랫폼의 환경에 알맞게 변화된 언어적 요소들도 찾아볼 수 있다. 그 중에서도 웹 드라마의 언어적 요소가 가장 잘 드러나는 것은 이야기를 진행하는 대사와, 모바일 플랫폼의 특성 탓에 생겨난 자막이다. 때문에 이 글에서는 웹 드라마의 언어적 요소 중 대사와 자막을 중심으로 살펴보고자 한다.

#### ① 실제 언어생활과 가장 가까운 대사

　먼저, 유통 경로가 인터넷 환경인 점, 웹 드라마의 주 시청층이 모바일 세대인 20대~30대인 점 등을 통해 웹 드라마만의 대사와 관련된 특징들을 찾아 볼 수 있다.

　대사와 관련된 가장 큰 특징은 인터넷 유통 경로로 인한 표현의 자유이다. 기존 TV 공영방송은 방송법으로 인해 높은 공공성을 띄지만[2], 인터넷 유통경로에서는 인터넷 언어법이 아직 존재하지 않기 때문에 상대적으로 표현의 제약이 적다.

　또한 이 글의 연구 대상인 〈연애플레이리스트〉, 〈전지적 짝사랑 시점

---

2) 방송법 제 6조, http://www.law.go.kr/lsInfoP.do?lsiSeq=202688&efYd=20180914#0000

〉, 〈시작은 키스〉는 모두 로맨스를 소재로 '공감할 수 있는 이야기', '우리 주변에서 일어날 법한 이야기'를 주로 그려내는 웹 드라마이다. 이러한 웹 드라마에서는 현재 일상생활에서 사용하고 있는 줄임말이나 신조어, 비문, 비속어들이 사용되는 빈도가 높은 것을 찾아볼 수 있었다.

먼저, 〈연애플레이리스트〉를 보자. 〈연애플레이리스트〉의 주 타겟층은 대학생인 20대이다. 대학생활 속 연애, 사랑이야기를 공감할 수 있게 풀어내며 큰 인기를 끌었다. 시즌 3의 첫 번째 에피소드에서는 개강한 날의 이야기를 그리고 있는데, 동아리 회식자리 속 인물간의 대화에서 20대들이 많이 사용하는 단어들을 볼 수 있다. '순삭'(순간적으로 없어지다, 삭제되다), '계절'(계절학기), '흥 터지는 노래들'(흥이 나게 신나는 노래), 'CC'(Campus Couple) 등, 2분이라는 짧은 장면에서도 20대들이 가장 쉽게 접하고, 사용하는 단어들이 다수 등장한다.

〈전지적 짝사랑 시점 시즌3〉에서는 〈연애플레이리스트〉와는 달리 인물들의 세부적인 설정들이 잘 드러나지 않고, 주로 인물의 속마음을 통해 이야기가 전개된다. 인물의 나이를 알 수 있는 특정 공간이 설정되어 있지 않아 20대부터 30대까지 넓은 타겟층을 가지며, 주로 그 나이 대 사람들이 사용하는 단어나 대화방식을 반영하고 있다. 첫 회를 보면, '혜지'는 단짝 친구인 '회현'을 놀리며 '야, 이 또라이야.'라고 말한다. 무음처리나 '돌아이' 같이 돌려 말하지 않고 직관적으로 나타난 비속어를 볼 수 있다. '모쏠'(모태 솔로), '까이다'(차이다) 같은 말들 또한 찾아볼 수 있다. 20~30대라면 충분히 알 수 있는, 일상생활에서 보편적으로 사용하고 있는 말들이 사용된다.

〈시작은 키스〉에서는 대사가 거의 없이 자막으로 표현된 속마음으로 이야기가 전개되는데, 얼마 되지 않는 대사 속에서도 이러한 특징을 찾아볼 수 있다. 30대를 주 타켓으로 설정한 〈시작은 키스〉에서는 다른 웹 드라마들과 달리 '원나잇' 과 '양다리' 라는 자극적인 소재로 이루어져 있어 그에 맞는 단어들이 직관적으로 표현된다. 여자 주인공인 '수빈' 이 자신과 우성의 관계를 파악하기 위해 물어본 '잤냐?' 같은 말이 반복적으로 표현되기도 하고, '우성' 의 상상 속 '수빈' 의 '이런 수박씨 발라먹을 잣같은 놈아.' 같은 표현들이 등장하기도 한다.

공영방송에서는 방송법이 존재해, 표준말 보급에 이바지하고 언어순화에 힘써야 하는 역할을 지닌다.[3] 그러므로 TV 드라마에서는 최대한 순화된 표현을 사용하도록 권장되고, 소재 자체도 자극적인 소재를 지양한다. 하지만 웹 드라마는 표현의 자유를 가지고 실제 언어생활과 가장 가까운 언어들을 사용해 더욱 시청자들의 공감을 사고, 몰입감을 불러일으킨다. 주 시청층의 일상에서 가장 많이 사용하는 언어들을 통해 더욱 시청자들은 생생함을 느끼고, 더욱 그 상황에 감정 이입하며 친구의 이야기를 듣는 것 같이 몰입할 수 있는 것이다.

### ② 시청자들의 공감을 일으키는 자막

웹 드라마에서는 일반 TV 드라마와 달리 자막이 거의 필수적으로 사용된다. TV 드라마의 경우에도 말소리를 반복하는 자막이 사용되는 경우가 있지만 특수적인 상황일 때만 부수적으로 사용된다. 청각 장애인을 위한 방송 때에나 소리를 들을 수 없는 상황에서만 그러한 자막이 사용되는 것을 볼 수 있다. 하지만 웹 드라마에서는 자막을 인물의 속마음을 드러낼 때, 혹은 예고나 미리보기에서 그 에피소드의 이야기를 함축적으로 보여줄 때 등 다양하게 사용되는 경우가 많다.

---

3) 방송법 제 6조 8항, http://www.law.go.kr/lsInfoP.do?lsiSeq=202688&efYd=20180914#0000

먼저, 모든 웹 드라마에서 필수적으로 존재하는 말소리를 반복하는 기능을 가진 자막을 보자. 여기서 웹 드라마의 주 시청층 때문에 생기는 특징을 찾아 볼 수 있는데, 그 특징은 웹 드라마의 자막이 주로 채팅 언어 같은 표현들로 이루어진다는 것이다. 10대부터 30대까지의 세대들은 주로 모바일을 많이 사용하기 때문에 이들을 위한 웹 드라마가 생겨나기 시작했고, 자막도 그들의 언어생활을 닮은 자막이 나타나는 것을 볼 수 있다.

이러한 특징은 〈전지적 짝사랑 시점〉에서 빈번하게 찾아볼 수 있다. 시즌 3의 첫 번째 에피소드에서 '회현'과 '혜지'의 대화 속 자막의 거의 모든 표현이 채팅언어와 같이 표현되어 있다. 말을 더듬는 '회현'의 말소리에 대한 자막을 '아아아와암무것도 안 해 안 했는데?'라는 식으로 표현하기도 하고, 반복해서 말하는 '혜지'의 말을 두 번 반복해 쓰기 보다는 '아무렇지 않은 척해 (X2)'와 같이 표현한다. 그 외에도 늘여서 말을 하는 '혜지'의 대사를 '뭐야 이거언~'이라고 표현하기도 하고, 애정 가득한 말을 '친해지고 싶어요옹♥'이라는 자막으로 '♥'와 같은 특수문자를 사용해 자막을 표현하기도 한다.

〈시작은 키스〉에서도 비슷한 특징을 찾아볼 수 있다. 다섯 번째 에피소드 중에서 '수빈'의 친구인 '민하'가 카페에서 음료를 고르며 주저할 때, '바닐라라떼'라고 말한 뒤 말끝을 흐리다 '아, 아니다'라고 말한 뒤 계속해서 고민하는 장면이 나온다. 일반 TV드라마의 자막이라면 이 대사를 직관적으로 '바닐라라떼, 아, 아니다, 어, 그린티라떼?'라고 표현했을 것이지만, 〈시작은 키스〉에선 '바닐라라떼.. 아.. 아니다.. 어.. 그린티라떼..?'라고 표현해 '민하'의 고민되는 느낌과 말 사이의 머뭇거린 간격들을 채팅으로 말하는 듯이 표현했다.

〈연애플레이리스트〉에서는 위의 작품들보다 그런 특징들이 잘 드러나지 않는다. 다른 웹 드라마와 달리 깔끔한 자막 형식을 사용하는 〈연애플레이리스트〉에서는 특수문자를 활용하는 채팅언어의 대사보다는 ',' 나 '.' 같은 문장기호를 생략해 보여주며 군더더기 없는 자막의 형식을 띤다.

그렇지만 같은 제작사의 다른 웹 드라마인 〈에이틴〉에서는 10회에서 농구하는 '시우'를 응원하는 아이들의 대사 반복을 '남시우X6'이라고 표현하기도 하고, 농구를 잘 끝낸 '시우'를 보며 '보람'과 '기현'이 하는 말을 '이그죠~?', '이그죠~!'라는 문장기호들을 사용해 표현한다. 이로 보아, 고등학교를 배경으로 한 〈에이틴〉에서는 타겟인 고등학생들이 더욱 생생하고 친밀하게 느낄 수 있게 채팅언어를 대사에 그대로 반영했지만, 대학가를 배경으로 한 〈연애플레이리스트〉에서는 더욱 깔끔하게 시청자들이 스토리에 집중할 수 있도록 그 대사 자막을 다르게 사용한 것으로 판단할 수 있다.

이 때문에 대부분의 웹 드라마의 자막은 주 시청층에 더욱 친숙감을 주고, 대사의 생생함을 그대로 가져오기 위해 문법에 맞게 표현하기 보다는 구어체 그대로 사용하고, 더욱 친밀감을 주기 위해 채팅언어의 자막을 빈번히 사용하고 있다.

둘째, 각 에피소드의 궁금증을 유발하는 기능을 하기도 한다. 이러한 자막은 웹 드라마에서만 볼 수 있는데, 이는 인터넷이라는 특수한 상황과, 짧은 러닝타임이라는 특징 때문에 나타난다고 볼 수 있다. 웹 드라마는 처음 콘텐츠에 대한 접근을 '섬네일'을 보고 그 영상을 선택할지 말지를 결정한다. '섬네일'이란 인터넷 홈페이지나 전자책 같은 컴퓨팅 애플리케이션 따위를 한눈에 알아볼 수 있게 줄여 화면에 띄운 것이다.[4]

---

4) 전자신문 출판팀(2013), 「ICT 시사용어 300」, 전자신문사.

그러므로 '섬네일'의 중요성이 매우 크다고 볼 수 있는데, 주로 공감 가는 이야기나 우리 주변에서의 이야기를 다룬 웹 드라마에서는 그 에피소드의 주된 내용에 대해 궁금증을 유발하는 섬네일에 자막들이 많이 사용된다.

〈연애플레이리스트〉에서 첫 번째 에피소드는 '지원'과 '현승'의 이별한 후, 그들의 속사정과 이별을 견디는 과정을 그린다. 이런 내용을 섬네일에는 '지원과 현승의 이별 후'라고 직관적으로 그 에피소드의 내용을 요약해 보여주지 않고, '대학에서 연애를 하면 안 되는 이유'라고 표현하며 대학에서 연애를 했었던 사람들이 공감할 수 있거나 에피소드의 내용을 궁금하게 만드는 역할을 한다.

〈전지적 짝사랑 시점〉에서도 '회현'이 처음 본 여자에게 쪽지를 건네며 설레어 하며 '혜지'에게 조언을 듣는 내용을 섬네일에는 '좋아하는 사람에게 쪽지 건네는 법'이라고만 명시한다. 섬네일에서 특정 주인공을 언급하거나 주인공의 이야기만으로 한정짓지 않고, 좋아하는 사람에게 쪽지를 건네고 싶은 사람들에게 정보를 주는 것처럼 해당 에피소드의 내용에 대해 궁금증을 유발하고 있다.

〈시작은 키스〉의 2회를 보면, '수빈'이 회사에서 일이 늦게 끝났다고 거짓말 하고 회사에서 나와 다른 곳으로 향하는 모습을 본 '호연'이 '수빈'에 대해 의심하는 이야기를 담고 있다. 하지만 섬네일에서는 '수빈'과 '호연'이 직접적으로 언급되거나 '호연'의 실망스러운 마음이 설명되지 않고, 그저 '여친에게 다른 남자가 있는 것 같다'라는 자막을 사용해 누구의 여친이, 어떤 다른 남자가 있나라는 궁금증을 유발시키기도 한다.

셋째, 세 가지의 웹 드라마 모두 짧은 러닝타임으로 인해 주제와 내용을 다시 한 번 상기시켜주며 정리해주기도 하는데, 마지막 장면을 그 내용이 함축된 두 문장 정도의 자막과 나레이션으로 표현한다. 이를 통해 시청자들은 다시 한 번 해당 에피소드를 곱씹어볼 수 있고, 다음 에피소드에 대한 관심을 유발할 수 있다.

〈연애플레이리스트〉 시즌 3의 첫 번째 에피소드에서는 마지막 장면에 '연애는 쉬웠다. 이별에 비하면' 이라는 자막만을 보여주며 에피소드를 마무리하는데, '지원' 과 '현승' 의 이별에 대한 후유증을 함축적으로 잘 표현하는 것이다.

〈전지적 짝사랑 시점〉 시즌 3의 첫 번째 에피소드에서도 진심을 담은 쪽지를 건네는 '회현' 의 모습과 '혜지' 의 조언들을 마지막 장면에서 '마음을 전하는 가장 기본적인 방법, 진심을 다해 솔직하게 말하기' 라는 자막과 나레이션을 통해 다시 한 번 그 에피소드의 내용을 정리해준다.

〈시작은 키스〉에서도 마찬가지로 '수빈' 의 거짓말을 눈치 챈 '호연' 이 참다못해 '수빈' 에게 화를 내기 시작하는 이야기를 그리고 있는데 마지막 장면에 '너를 많이 사랑하니까 거짓말도 괜찮아, 라는 말은 거짓말이야.' 라며 '호연' 의 입장을 다시 한 번 정리해 주며 에피소드가 마무리된다.

결국 시청자들은 웹 드라마만의 자막의 특성들을 통해 더욱 웹 드라마에 몰입하게 된다. 실제 언어생활과 가장 가까운 자막을 읽음으로, 더욱 실제 상황처럼 그 상황에 몰입할 수 있다. 또한 섬네일의 내용으로 궁금증을 유발하고, 본 에피소드를 시청하고, 마지막에 다시 한 번 영상에 대한 내용을 요약하여 보여줌으로, 웹 드라마라는 짧은 영상길이에도 시청자들이 3번이나 그 영상의 내용을 다시 한 번 상기시킬 수 있는 것이다.

## 2) 비언어적 요소

비언어적 요소란 말 그대로 언어 외의 요소들을 뜻한다. 활자가 아닌 인물의 표정, 손짓, 몸짓, 소리, 배경 등이 그 예이다. 이 중에서 드라마나 영화 같은 영상에서는 피사체에 따른 신(Scene), 즉 카메라 쇼트(Shot)도 비언어적 요소가 된다. 이뿐만 아니라 영상의 전개 시간(Time)도 비언어적 요소에 꼽힌다. 웹 드라마는 다른 미디어와 달리 짧은 전개 시간을 가지고 있고, 스마트폰이 드라마를 시청하는 플랫폼이 된다는 웹 드라마만의 특징이 있음으로 쇼트(Shot)과 시간(Time)을 구체적으로 알아보도록 한다.

### ① 작은 화면으로 보기 유용한 쇼트

일반적으로 쇼트는 영화나 드라마를 구성하는 촬영의 기본적인 요소이다. 하지만 스크린에 따라 쇼트도 차이를 보이는데, 웹 드라마는 영화나 TV와 같은 큰 스크린이 아닌 작은 스마트폰이 스크린이 되기 때문에 카메라의 쇼트에서 차이를 보인다. 영화나 TV 드라마는 여러 쇼트가 사용되지만 웹 드라마는 플랫폼의 특성 상 일반적인 클로즈업과 미디엄클로즈 쇼트를 사용해 배경보다 인물 위주의 화면이 많다. 그 이유는 작은 스마트폰 화면에 인물의 표정, 감정이 나타나야 하기 때문이다.

웹 드라마는 클로즈업 쇼트에서 특정 부위를 더 확대하는 익스트림 클로즈업 쇼트를 많이 활용한다. 익스트림 클로즈업 쇼트는 시청자에게 보여주고자 하는 사물을 최대한 부각시켜 보여준다.[5] 그래서 일반적인 클로즈업 쇼트보다 익스트림 클로즈업 쇼트가 인물의 행동, 표정이 확대

---

5) 조강희(2014), 「카메라 연기 방법론에 관한 연구」, 청운대학교 석사학위논문, p.53.

되어 장면을 강조하는 역할을 할 수 있다. 머리부터 가슴 선을 포착하는 미디엄클로즈 쇼트는 TV에서 가장 많이 쓰이지만, 웹 드라마에서는 둘 이상의 여러 인물이 등장할 때 이 기법을 이용한다. 롱 쇼트는 장소나 인물 등 배경이 움직이는 상황을 통해 시청자가 진행되는 사건에 대한 정보를 파악할 수 있다. 멀리서 장면을 찍어 배경까지 나오는 익스트림 롱 쇼트나 이보다 가깝지만 TV에서 많이 사용되는 미디엄 롱 쇼트는 웹 드라마에서 찾아보기 힘든 촬영 기법이다. 스마트폰 같은 작은 화면에서 인물을 중점으로 찍어야 하기 때문이다. 이렇듯 웹 드라마에서 인물이 아닌 주위 배경이나 분위기를 나타내는 촬영 기법은 지양한다.

만약 여러 사람들이 한 장면에 담길 때는 인물들이 앉아 있고 이야기만 주고받는 장면으로 시청자들의 시선을 분산시키지 않게 한다.

JTBC 방송국에서 제작한 〈시작은 키스〉는 플레이리스트가 제작한 〈연애플레이리스트〉처럼 배경보다 인물에 집중하고 장면이 빠르게 다른 인물로 전환되는 편집 기법을 이용했다. 〈시작은 키스〉 10화에서 40초경 '수빈'이 장미꽃을 발로 차는 장면을 보면 장미꽃과 발만 카메라에 담는다. 그 후 바로 이어서 '수빈'의 표정을 클로즈업해 시청자들이 인물의 감정에 집중할 수 있게 한다.

〈연애플레이리스트〉의 시즌 1, 2화 39초에서 '현승'의 얼굴을 비추고 바로 다음으로 '지원'의 책을 클로즈업해 인물의 시선과 장면을 동일시한다. 이 때문에 '현승'이 '지원'의 책에 쓰여 있는 학번과 이름을 보고 있구나"라고 시청자가 깨달을 수 있게 한다. 이처럼 잠시 물건을 비춘 뒤 바로 인물의 얼굴로 장면을 전환함으로써 시청자들은 배경보다 인물에게 더 집중할 수 있게 된다.

하지만 〈전지적 짝사랑 시점〉같은 경우는 〈시작은 키스〉와 〈연애플레이리스트〉보다 조금 다른 기법을 사용하고 있었다. 장면이 전환되는 쇼트가 아닌 시작부터 끝까지 끊지 않고 하나의 컷으로만 촬영하는 원테이크(one take) 기법을 사용했다. 이 기법은 미디어가 원하는 장면뿐만이 아닌 시청자가 보고 싶은 인물이나 주변 배경에도 집중할 수 있다는 장점을 가지고 있다. 다만 원테이크 기법이기 때문에 배경이 많이 보이고, 카메라의 흔들림이 시청자들의 시선을 분산시킨다는 단점이 있다. 또한, 인물이 대화를 하는 장면인데도 카메라가 한 인물에만 향해 있어 다른 인물의 표정을 보지 못한다는 원테이크 기법의 아쉬운 점이 있기도 하다. 하지만 스마트폰 플랫폼이기에 성공할 수 있었던 기법이라 의미가 있다.

### ② 짧아진 전개 시간(Time)으로 인한 빠른 전개

웹 드라마는 일반 드라마나 영화보다 한 회차 전개 시간이 현저하게 짧다. 한 회차 당 1–2시간동안 내용이 전개되는 드라마와 달리 웹 드라마는 전체적인 모든 회차를 통틀어 1–3시간 내외에 사건을 전개하고 마무리 지어야 하는 시간적 제약이 있기 때문이다. 인물 중심으로 몇 개의 에피소드가 연결되는 웹 드라마는 짧은 전개 시간 동안 인물을 소개함과 동시에 상황을 전개해야 하는데 시간적인 어려움이 있다. 따라서 빠른 사건 전개, 인물의 빠른 감정변화, 빠른 말투 등으로 속도감 있는 드라마를 구현해낸다.

〈시작은 키스〉의 한 회의 전개 시간은 평균적으로 6분이었고, 제일 길었던 회차는 19분이었다. 〈전지적 짝사랑 시점〉은 3개의 시즌이 있지만 가장 최근의 시즌3의 전개 시간은 4분에서 8분을 웃돌았다. 〈연애플레이리스트〉도 〈전지적 짝사랑 시점〉과 마찬가지로 시즌제인데 시즌1은 보통 4분에서 6분이었지만 시즌을 거듭할수록 시간이 늘어났다. 2018년

10월 현재 방영 중인 시즌3는 11분에서 17분 사이로, 시즌1보다 약 10분 가량 더 늘어난 것을 볼 수 있다.

〈시작은 키스〉 6화에서는 '민하' 와 '우성' 은 헤어졌지만 '우성' 은 헤어진 이유를 모른다고 도입부에서 밝힌다. 그러다 '민하' 의 생각에 잠기게 되고 '민하' 와의 안 좋은 추억을 떠올리다 갑자기 그리워하는 '우성' 의 빠른 감정변화를 볼 수 있다. 또한, 우성은 우연히 민하의 물건을 주워 다시 민하를 만나러 가게 되는데, 헤어지고 그리워하다 우연히 만나는 상황을 10분 내로 그려냈다. 이러한 빠른 전개는 시청자들의 답답함을 해소하고 전개 시간도 축소시키는 기능을 한다.

〈전지적 짝사랑 시점〉에서 여고생 '진이' 는 과외 선생님 '기성' 을 좋아하고 있는 것으로 나온다. 그런데 길에서 '기성' 이 여자 친구와 있는 모습을 보고 내적 갈등을 느끼는 모든 과정을 4분 안에 그려낸다. '전지적 짝사랑 시점' 이라는 제목에 걸맞게 짝사랑 하는 진이의 감정변화를 표현했고 이 감정표현은 빠르게 진행된다.

〈연애플레이리스트〉는 대학생 캠퍼스 커플을 소재로 다루는데 시즌1의 8화에서 남자가 사랑에 빠지는 과정 또한 한 에피소드로 5분 안에 내용을 끝마친다. 여자 주인공 '재인' 이 친구들과 자주 가는 술집에는 아르바이트 '강윤' 이 나온다. '윤' 은 아르바이트를 하면서 취한 '재인' 을 주시하며 '재인' 에 대한 마음을 키운다. 그 사이에 '재인' 을 재밌어 하는 '윤', '재인' 을 안쓰러워하는 '윤', '재인' 에 대해 궁금해 하는 '윤' 등이 모두 5분 안에 나오며 시즌1을 마무리한다. 이는 다음 시즌의 빠른 전개를 위한 발판이 되고 결국 '윤' 과 '재인' 은 시즌2에 사귀게 된다. 이처럼 빠른 사건의 전개는 웹 드라마의 시간적 제약을 극복할 수 있다는 것을 보여준다.

중요한 것은 인물들의 감정들이 빠르게 변화하는데도 어색한 게 없다는 점이다. 이는 에피소드의 구성이 촘촘히 짜여 있다는 의미이다. 웹 드라마의 구성은 TV 드라마와 달리 여러 인물의 에피소드를 넣기보다 한 인물에 집중하는 특징이 있다. 따라서 시청자들은 회 차에 나오는 인물에 맞춰 감정이입을 하게 되고 공개되는 에피소드에만 집중할 수 있다.

## 3. 결론

이처럼 휴대폰 스크린으로 송출되는 웹 드라마와 TV 혹은 영화로 송출되는 드라마는 '드라마' 라는 큰 범위로서의 공통점이 있다. 하지만 '언어적 요소', '비언어적 요소' 에서 나타나는 웹 드라마만의 고유한 특성 또한 존재한다. 앞서 분석한 언어적 요소의 신조어 · 비속어 사용, 자막의 역할부터 비언어적 요소의 클로즈업 쇼트의 활용, 짧아진 전개시간으로 인한 빠른 전개 등이 그 예다.

이러한 특성들은 결코 독자적으로 파생된 결과가 아니다. 변화하는 시대적 상황과 소비자들의 성향이 미디어의 특성에 맞춰 발전한 까닭이다.

이제 웹 드라마는 단순히 '간편한 드라마' 라는 타이틀을 벗어나 스스로 파생적인 콘텐츠들을 만들어내며 새로운 문을 열었다. 음악, 패션, 뷰티 할 것 없이 다양한 분야의 산업들이 모두 웹 드라마에 뛰어들기 시작했다. 브랜드들은 단순한 아이템 협찬 방식을 넘어 브랜드 이미지를 내세운 독창적인 웹 드라마를 제작하시도 한다. 앞으로 모바일 산업이 계속해서 발전하는 한, 웹 드라마의 발전은 계속될 것으로 전망된다.

# 1인 미디어 콘텐츠의 발달과 '먹방'

최 현 주

## 1. 유튜브와 '먹방'

스마트폰 보급이 활성화 되면서 사람들은 스마트폰을 통해 다양한 콘텐츠를 접할 수 있게 되었다. 그중 하나가 1인 미디어 콘텐츠이다. 1인 미디어 콘텐츠란 개인이 직접 기획하고 제작한 콘텐츠를 말한다.[1] 최근에는 동영상을 중심으로 1인 미디어 콘텐츠가 확산되고 있다. 동영상 1인 미디어 콘텐츠는 주로 개인 방송인이 직접 동영상 공유 및 인터넷 송출 사이트 (유튜브, 네이버tv, 카카오tv, 아프리카tv, twitch)를 이용해 자신이 생산한 동영상을 게시 및 방송하는 것을 말한다. 이제 동영상 콘텐츠는 방송사와 전문가만 생산하는 것이 아니라 일반 사람들도 생산할 수 있게 되었다.

이러한 상황 가운데 최근 동영상 콘텐츠 시장을 선도하고 있는 곳은 유튜브다. 유튜브는 동영상 공유 사이트로 2005년에 설립되었다.[2] 유튜브는 2018년을 기준으로 월간 로그인 이용자 수가 18억 명에 달하는[3] 세계 최대 규모의 동영상 사이트다. 현재 수많은 동영상 콘텐츠가 유튜브에 업로드 되고 있으며 국내에서도 많은 1인 미디어 콘텐츠들이 생산되

---

1) 「1인 방송과 크리에이터」, 네이버 지식백과, https://terms.naver.com/entry.nhn?docId=3543409&cid=42171&categoryId=58478 (접속일: 2018.12.10.).

2) 「유튜브」, 네이버 지식백과. https://terms.naver.com/entry.nhn?docId=932544&cid=43667&categoryId=43667(접속일: 2018.12.10.).

3) "유튜브의 힘. 월간 로그인 이용자 18억 명 넘어", 〈연합뉴스〉, 2018. 05. 05, 김현재, http://www.yonhapnews.co.kr/bulletin/2018/05/05/0200000000AKR20180505005900091.HTML?inu=1195m (접속일: 2018. 10. 19.).

고 있다. 게임, 뷰티, 먹방, 키즈, 동물 등 다양한 주제로 동영상이 업로드 되고 있는데 그 중에서 '먹방' 동영상 콘텐츠는 큰 인기를 얻고 있다.

'먹방'은 말 그대로 먹는 방송을 말한다. 먹방은 인터넷 방송[4]과 1인 미디어 콘텐츠가 확산되면서 알려졌다. 현재는 외국인에게 먹방 (Mukbang)이라는 단어가 고유명사로 쓰일 만큼 1인 미디어 콘텐츠의 한 종류 장르로 자리매김하고 있다.

그렇다면 여기서 한번 생각해보자. 사람들은 왜 먹방을 보는 것일까? 콘텐츠는 내용을 담고 있다. 먹방도 어떠한 내용을 담고 있는 콘텐츠이다. 먹방에는 인물과 배경이 있다. 등장한 인물은 행동과 말을 하며 내용을 만든다. 등장인물의 행동과 말로 내용이 생성되고 그 내용이 영상으로 나타나는 형식은 드라마와 비슷하다. 드라마도 배경, 인물, 행동, 말을 통해 내용이 생기고 그 내용이 영상으로 나타난다.

따라서 이 글에서 '먹방'을 인터넷에서 향유되는 하나의 드라마로 정의하고 국내 유튜브 콘텐츠에서 많은 인기를 받고 있는 먹방 동영상을 분석해보고자 한다. 유튜브 먹방 채널 중 구독자 290만 명을 보유한 밴쯔를 선정했으며 〈밴쯔▼ 잔치하면 빠질 수 없는 잔치국수 2.34kg 먹방 Mukbang (Eating Show/Social Eating) 161209〉 (이하 〈잔치국수 먹방〉)을 분석 동영상으로 선정했다.[5] 이 영상은 먹방 진행자인 밴쯔가 2.34kg에 해당하는 양의 잔치국수를 먹는 먹방이다. 해당 영상은 2016년 12월 9일에 송출된 생방송의 녹화본을 편집하여 2016년 12월 17일 유튜브에 게시한 영상이다.

---

4) 인터넷 방송은 동영상 송출 사이트 (예. 아프리카TV)를 이용해 생방송으로 영상을 송출하는 것을 가리킨다. 반면 개인이 생산하는 콘텐츠는 모두 1인 미디어 콘텐츠라고 할 수 있다. 1인 미디어 콘텐츠는 인터넷 방송을 포함하는 더 큰 개념이라 할 수 있다. 이 글에서 1인 미디어 콘텐츠는 편집되어 유튜브에 게시된 동영상을 의미한다.

5) 구독자수는 2018년 10월 기준으로 유튜브 밴쯔의 채널을 참고하였다.
https://www.youtube.com/user/eodyd188 (접속일: 2018. 11. 18.).

먹방 영상 분석에는 문학적 서사를 분석할 때 사용되는 줄거리와 플롯, 서사와 사건, 갈등 개념을 이용할 것이다. 위 개념들을 해당 먹방 영상에 대입하여 '먹방'의 줄거리, 사건, 갈등을 설명한다. 이 때 해당 영상 속 1인 방송인의 발화와 행동, 시청자의 채팅을 참고 할 것이다. 해당 먹방 영상 분석을 통해 먹방의 특징을 살펴보도록 한다.


## 2. '먹방' 영상 분석

### 1) 먹방의 줄거리와 플롯

줄거리란 인물을 포함한, 본래 일어난 순서로 된 사건의 연쇄이다.[6] 쉽게 이야기하면 줄거리는 시간 흐름에 따라 일어난 순서를 말한다. 반면 플롯은 줄거리와 비슷하지만 약간 다른 개념이다. 플롯은 시간 순서가 아니라 재미를 극대화하기 위해서 인위적으로 사건의 배치를 바꾼 것이다. 플롯은 인위적으로 만들어낸 사건의 흐름이다.[7]

예를 들어 드라마의 첫 장면에 한 남자가 시체를 매장 하다가 '내가 어쩌다 이렇게 되었을까' 라고 회상하고 장면이 전환되어 살인을 저지르기까지의 내용이 방영된다고 하자. 이때 줄거리는 그 남자가 어떤 사정으로 인해 시체를 땅에 묻기까지의 과정을 시간 순서대로 나열하는 것이다. 반면 플롯은 일부러 시체를 매장하는 모습을 먼저 보여주고 그 다음에 시체를 매장하게 된 남자의 사연을 처음부터 보여주는 것이다. 이와 같이 플롯은 사건 순서의 배치를 바꾸면서 이야기의 긴장감과 흥미를 더

---

6) 최시환, 『소설, 어떻게 읽을 것인가』, 문학과지성사, 2014, 16쪽.
7) 최시환, 『소설, 어떻게 읽을 것인가』, 문학과지성사, 2014, 115~121쪽.

욱 크게 만들 수 있다.

밴쯔의 〈잔치국수 먹방〉 영상의 줄거리는 '밴쯔가 잔치국수를 만들고 그것을 먹는다'이다. 그리고 〈잔치국수 먹방〉의 플롯은 줄거리와 동일하다. 먹방은 생방송으로 진행되는데 유튜브에 생방송을 녹화한 영상을 편집하여 게시한다. 따라서 특별한 편집이 가해지지 않는 이상 줄거리와 플롯이 동일하다.

이렇듯 먹방의 줄거리와 플롯이 동일한 이유는 먹방의 특성에 있다. 먹방은 먹는 과정을 보여주는 것이 중요하다. 사람들은 밴쯔가 음식을 먹는 모습을 보고 그 과정 자체를 즐기기 때문이다. 따라서 사건의 배치를 바꿀 필요가 없다. 먹방의 플롯은 시간 순서대로 흘러간다.

## 2) 먹방의 사건과 구조

사건은 이야기를 구성하는 가장 작은 요소이며 의미 있는 상황 또는 상태의 변화[8]이다. 이야기를 구성하는 가장 작은 요소는 '작은 사건'이다. 의미 있는 상황, 상태의 변화는 '큰 사건'이다. 작은 사건은 큰 사건에 포함된다. 여러 작은 사건들이 모여 큰 사건을 구성하는 것이다.

이러한 정의에 따르면 먹방의 가장 '작은 사건'은 1인 방송인의 발화와 행동 하나하나이다. 여기에는 시청자의 채팅을 읽어주거나 시청자의 채팅에 답변하는 것도 포함된다. '큰 사건'인 의미 있는 상황, 상태의 변화는 음식조리, 음식 먹기, 방송종료이다. 먹방은 음식을 조리한 뒤 음식을 먹고 방송을 종료하는 방식으로 진행되기 때문이다. 따라서 먹방은 음식조리, 음식 먹기, 방송종료의 큰 사건 밑에 1인 방송인의 모든 발화,

---

8) 최시환, 『소설, 어떻게 읽을 것인가』, 문학과지성사, 2014, 62쪽.

행동이 작은 사건으로 들어가 있다. 결국 가장 작은 요소인 1인 방송인의 모든 발화, 행동이 모여 먹방 영상 전체를 구성한다. 먹방만의 특이한 점은 이러한 면에 있다.

소설이나 드라마는 모든 사건을 보여주지 않는다. 작가가 작품을 쓸 때 보여주고 싶은 부분을 선택해서 보여주고 지면상, 시간상 불필요한 부분이 생긴다면 생략한다. 필요한 장면들로만 구성하여 하나의 이야기를 완성하는 것이다. 그런데 먹방은 그러한 생략이 없다. 먹방에서는 모든 말, 행동, 상황들이 사건이 되고 그것들을 전부 보여준다. 그리고 그것 자체가 이야기를 구성하는 중요한 사건이 된다.

〈잔치국수 먹방〉 영상에서는 자잘한 내용들이 모두 사건이 된다. 그리고 이 작은 사건들이 모여 잔치국수 조리, 잔치국수 먹기, 방송종료의 각각 3가지 사건들을 구성하게 된다. 따라서 사건들은 층위를 가지게 된다. 잔치국수 조리, 잔치국수 먹기, 방송종료의 3개 사건은 상위 층위에 속하고 작은 사건인 개별 발화, 행동들은 하위 층위에 속한다. 구조는 먹방에 존재하는 모든 요소들을 포함관계에 따라 배치한 것이다. 〈잔치국수 먹방〉의 사건 구조를 그림으로 표현하면「그림1」과 같다.

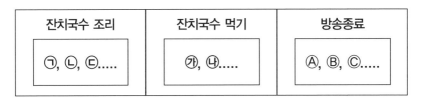

[그림1] 〈잔치국수 먹방〉의 사건구조[9]

---

9) [그림1]의 원문자는 개별 발화, 행동인 작은 사건을 의미한다.

잔치국수를 조리하는 장면에서 진행자 밴쯔는 잔치국수를 삶다 탄 부분에 대해 말한다. 그리고 말을 하는 과정에서 수저가 부딪혀 쨍그랑 대는 소리가 난다. "보시면은 잔치국수 면을 삶다가 살짝 탄 부분이 보이시죠? 여기 탄 부분.. 쨍그랑(수저가 그릇에 부딪히는 소리) 아유 죄송합니다. 일단 이렇게 있고요. 고명을 얹도록 할게요." 이와 같은 발화와 수저소리가 난 상황은 잔치국수를 만드는 과정 중에 생긴 것이다. ㉠'면이 탔다', ㉡'큰 소리가 나다', ㉢'사과를 하다'와 같은 사건들은 잔치국수 조리와 직접적인 연관은 없다. 하지만 각자 하나의 작은 사건이 되고 이 작은 사건들이 모여 잔치국수 조리라는 사건을 구성한다.

잔치국수 먹기에서 잔치국수를 먹는 중간에 "장조림 메추리알도 있죠? 맛있겠다. 네네 여기 있는거는 쇠고기 이거는 돼지고기에요."라는 발화가 있다. 이 발화는 시청자의 채팅을 읽어주고 그것에 대해 답변하는 발화이다. ㉮"장조림 메추리알도 있죠? 맛있겠다."는 시청자의 채팅을 읽은 것이며 ㉯"네네, 여기 있는거는 쇠고기 이거는 돼지고기에요."는 밴쯔의 답변이다. 두 발화도 잔치국수를 먹는 행동이라는 사건과 직접적인 관련은 없지만 잔치국수를 먹는 중간에 생긴 발화로서 잔치국수 먹기 사건에 포함된다.

방송 종료 사건은 ⒜휴지로 입을 닦는 행동과 ⒝"님들 오늘 잔치국수 잘 먹었습니다. 안녕", ⒞"어제는 녹화를 끄는 걸 안 누르고 방송을 껐죠? 오늘은 잘 끌게요."와 같은 개별 발화들로 구성된다.

먹을 음식을 소개하고 음식을 조리하는 과정과 그 과정 속에 있었던 모든 행동, 발화들이 잔치국수 조리를 구성하는 하위사건들이 된다. 「그림1」의 잔치국수 조리는 ㉠, ㉡, ㉢의 3개 예시만 표시되어 있지만 잔치국수 조리에 해당하는 모든 발화, 행동들은 그 속에 포함된다. 나머지 사건들도 마찬가지다. 이렇듯 먹방에서는 아주 사소한 발화와 행동, 상황 등이 모두 사건으로 작용하게 된다. 그리고 그러한 작은 사건들이 모여 잔치국수 먹방의 이야기를 구성하게 된다.

### 3) 먹방의 배경과 구조

먹방은 작은 사건들이 합쳐져 구성되어 있다. 그리고 이 사건들에 영향을 미치는 요소가 있다. 그것은 먹방이 진행되고 있는 배경이다. 먹방의 배경은 공간적 배경, 시간적 배경 두 종류로 나눌 수 있다. 공간적 배경은 1인 방송인이 음식을 먹고 있는 장소다. 시간적 배경은 1인 방송인이 실제로 존재하고 있는 그 시대이다. 〈잔치국수 먹방〉에서 공간적 배경은 밴쯔의 방이다. 시간적 배경은 밴쯔가 〈잔치국수 먹방〉 생방송을 진행한 2016년 12월 9일이다.

공간적 배경인 장소는 1인 방송인의 행동과 발화에 영향을 미친다. 먹방은 카메라의 이동이 불가능하고 카메라의 시야각이 크지 않다. 따라서 매우 한정적인 공간에서 활동을 해야 한다. 주로 먹방이 방 안에서 책상 앞에 앉은 채로 진행되는 것도 그러한 이유 때문이다. 카메라를 움직일 수 없기 때문에 음식조리가 방 안에서 이루어진다. 밴쯔도 잔치국수 재료를 미리 준비한 상태로 자신의 방 안에서 잔치국수를 만든다. 이러한 장소의 특성은 행동의 제약을 만들게 된다. 그래서 주로 진행자의 방 안에 있는 여러 가지 소품이나 물건들이 대화의 주제가 된다. 예를 들면 진행자의 방 안에 있는 인형을 언급하는 경우이다. 또는 진행자의 배경 자체가 바뀌었을 경우 진행자가 있는 장소에 대한 발화가 이루어진다.

또한 1인 방송인이 먹방을 진행하는 그날 있었던 사회적 이슈, 개인적인 경험들이 1인 방송인의 발화와 행동에 영향을 미친다. 〈잔치국수 먹방〉의 시간적 배경인 2016년 12월 9일은 밴쯔의 발화에 영향을 미친다. 〈잔치국수 먹방〉에서 밴쯔는 "잔치국수는 뭐 그냥 2.34kg을 준비했고요. 3kg짜리 하나 사가지고 무게 재서 2.34kg, 2.34kg 맞춰 갖고 이렇게 면을 삶았고요", "달걀 많이? 알겠어요. 오늘은 님들의 의견을 적극적으로 반영하도록 하겠습니다.", "민주주의 국가답게 여러분들이 의견을 내주신 달걀은 듬뿍 이렇게 있고"라는 발화를 한다. 첫 번째 발화에서 오늘 밴쯔가 잔치국수를 특별히 2.34kg을 준비했다는 것을 알 수 있다. 두 번째, 세 번째 발화에서 오늘 밴쯔가 시청자의 의견을 적극적으로 반영 한다는 것과 민주주의 국가라는 단어를 특별히 강조하는 것을 알 수 있다.

　　밴쯔가 이러한 발화를 한 이유는 무엇인가? 바로 이날 먹방의 방송일은 2016년 12월 9일로 박근혜 대통령의 탄핵안이 가결된 날이다. 이 날 탄핵안 가결에 대한 국회의 투표가 진행되었고 당시 234표의 찬성표로 탄핵안이 가결되었다. 따라서 잔치국수 2.34kg은 탄핵안 찬성표 234표를 의미하는 것이다. 또한 당시 국민들은 탄핵안에 찬성하길 바라는 자신의 의견을 피력하기 위해 촛불시위를 하고 직접 지역 국회의원 사무실에 연락하거나 국회의원의 휴대전화로 문자를 보내는 행동을 했다.[10] 박근혜 대통령이 탄핵되길 바라는 국민들의 의견이 적극적으로 반영되어 국회에서 탄핵안이 가결된 것이다. 따라서 박근혜 대통령의 탄핵안이 가결된 날 진행된 먹방에서 시청자의 의견을 적극 반영하겠다는 것, 민주주의라는 단어를 강조하는 것은 이러한 맥락과 관련이 있다.

---

10) 박지윤, "'朴 탄핵하라' 시민들, 새누리당 의원들 휴대전화로 항의전화·문자까지", 〈머니투데이〉, 2016.12.01., http://news.mt.co.kr/mtview.php?no=2016120110454618243&outlink=1&ref=http%3A%2F%2Fsearch.naver.com (접속일: 2018.12.16.).

먹방의 사건은 장소와 시대적 환경 속에서 이루어지고 있다. 따라서 먹방의 구조를 파악해본다면 가장 안쪽에는 개별 발화, 행동이 있고 그것을 포함하는 층위로 음식조리-음식먹기-방송종료의 큰 사건이 있다. 그리고 큰 사건들을 모두 아우르는 더 큰 층위로 배경, 시대가 있다. [그림2]는 이 구조를 도식화시킨 것이다.

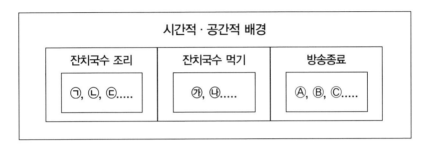

[그림2] 〈잔치국수 먹방〉의 사건과 배경 구조

### 4) 먹방의 갈등과 카타르시스

갈등이란 이야기를 진행시키는 원동력이다. 갈등은 '대립하는 것의 싸움' 혹은 '모순적인 것의 뒤얽힘'을 가리키며 궁극적으로 작품을 지배하거나 관통하는 서로 대립적인 의미요소[11]이다. 즉, 갈등은 서로 대립적인 것의 충돌을 말한다.

먹방에서 갈등은 인물과 환경의 싸움이다. 인물은 많은 양의 음식을 먹으려한다. 대량의 음식은 인물의 행동을 방해한다. 대량의 음식은 인간의 한계를 인정하게 하고 인물이 음식을 다 먹지 못하게 한다. 이렇듯 많은 양의 음식을 먹으려는 것과 그것을 이루지 못하게 막는 환경이 서

---

11) 최시환, 『소설, 어떻게 읽을 것인가』, 문학과지성사, 2014, 91쪽.

로 대립하고 충돌한다. 인물과 환경의 갈등이 먹방을 가능하게 하는 원동력이다.

그렇기 때문에 대체로 먹방은 많은 양의 음식을 먹는다. 보통의 사람들처럼 적은 양을 먹는 먹방은 인기를 끌기 힘들거나 음식에 대한 리뷰 영상으로 취급된다. 많은 양의 음식은 극복하기 힘든 환경이다. 이러한 어려운 환경을 이겨내려고 도전하는 사람이 1인 방송인이다. 대량의 음식과 1인 방송인의 대립이 먹방에 존재하는 갈등이다. 이러한 갈등은 흥미를 더욱 불러일으키며 먹방의 재미요소가 된다.

시청자들은 '저걸 다 먹을 수 있을까?' 하는 궁금증과 함께 많은 양의 음식을 다 먹는 1인 방송인의 모습에 놀라고 즐거워한다. 또한 시청자들은 밴쯔가 많은 양의 음식을 다 먹을 것이라는 기대를 가지고 있다. 그리고 밴쯔가 자신의 얼굴보다도 많이 쌓여진 잔치국수를 다 먹는 순간, 밴쯔가 저 음식을 다 먹을 것이라는 자신의 기대가 결말에 부합함을 확인하며 즐거움을 얻는다.

한편 시청자들이 먹방을 보면서 재미를 느끼는 것은 카타르시스와 관련지어 설명할 수 있다. 시청자가 카타르시스를 느끼기 위해서 동일시가 전제되어야 한다. 왜냐하면 카타르시스는 시청자가 어떤 작품을 보고 감정을 느끼는 것에서부터 시작하기 때문이다.

먹방에서 동일시는 화면의 구도에 의해서 일어난다. 먹방의 화면은 1인 방송인이 책상에 앉아 있고 책상 위에 음식들이 놓여 있다. 카메라는 음식들과 가깝게 설치되어 있어서 시청자는 1인 방송인보다 음식들이 더 크고 가깝게 느껴진다. 따라서 시청자들은 마치 자신들이 음식을 먹는 듯한 느낌을 가지게 된다. 이렇게 1인 방송인과 시청자의 동일시가 이루어졌다면 시청자들은 음식을 먹고자 하는 욕망을 가지게 된다.

카타르시스는 '정화(淨化.purgation)'와 '순화(純化.purification)'[12]라는 두 가지 개념을 가지고 있다. 정화는 감정과 욕망을 배설함으로써 쾌감을 얻는 것이고 순화는 해로운 감정을 조절하여 훈련시킴으로써 그러한 감정들을 다스리는 것[13]을 말한다. 정화와 순화 두 가지 방면으로 시청자들은 카타르시스를 느끼게 된다.

정화의 측면에서 먹방 시청자들은 식욕을 배설함으로써 카타르시스를 느낀다. 1인 방송인이나 자신을 통해 식욕이 배설되고 해소되어 쾌감을 느끼는 것이다. 시청자들은 1인 방송인이 음식을 먹는 모습을 보면서 자신의 식욕을 배설한다. 실제 자신이 음식을 먹는 것은 아니지만 1인 방송인이 자신을 대신해 그 음식을 먹게 한다. 이 때 시청자는 자신이 가졌던 식욕을 배설하게 되고 쾌감을 느낀다. 또는 시청자가 직접 음식을 먹고 식욕을 배설하는 경우도 있다. 먹방을 보던 시청자는 식욕을 느껴 음식을 먹게 된다. 직접 음식을 먹어서 자신의 식욕을 배설하고 쾌감을 느끼는 것이다.

비슷한 방식으로 시청자의 요구가 실현되는 것도 배설의 카타르시스에 포함된다. 〈잔치국수 먹방〉에서 한 시청자가 채팅으로 통조림 반찬의 위치를 바꿔달라고 요구한다. 밴쯔는 이 채팅을 읽고 시청자의 요구대로 반찬의 위치를 바꿔준다. 이러한 행동도 반찬의 위치를 바꾸고자 하는 시청자의 욕구를 1인 방송인이 대신 실현시켜 시청자가 쾌감을 느끼게 되는 것이다.

순화의 측면에서 시청자들은 먹방을 보고 자신의 식욕을 다스리게 된다. 예를 들어 야식을 먹고 싶었던 사람이 야식을 먹는 대신 먹방을 봤다

---

12) 이국환, 「소설의 치유 기능과 카타르시스」, 『석당논총』, 제50권, 동아대학교 석당학술원, 2011, 505쪽.
13) 이국환, 「소설의 치유 기능과 카타르시스」, 『석당논총』, 제50권, 동아대학교 석당학술원, 2011, 505~506쪽.

고 하자. 이 사람은 자신의 식욕이 해소된 것처럼 느껴 야식을 먹지 않게
된다. 이 경우 순화에 의해 카타르시스를 느낀 것이다. 이러한 종류의 카
타르시스는 대리만족이라 할 수 있다. 사람들은 먹방을 보면서 대리만족
하고 자신의 감정, 욕망을 조절하게 된다.


## 3. 결론

지금까지 밴쯔의 〈잔치국수 먹방〉 영상을 줄거리, 사건, 배경, 갈등의
개념으로 분석해보았다. 먹방은 1인 방송인의 개별 발화, 행동, 상황들
로 구성된 '음식을 먹는' 사건이다. 이는 장소와 시대적 배경에 영향을
받는다. 그리고 '음식을 먹는' 사건은 시간의 순서대로 그대로 진행되어
시청자에게 보여진다. 시청자들은 채팅을 통해서 사건 자체에 참여하게
된다.

시청자는 1인 방송인과 자신을 동일시하여 먹방에 몰입한다. 몰입한
시청자는 먹방을 보면서 카타르시스를 경험한다. 시청자는 정화와 순화
의 두 측면으로 쾌감을 느끼게 된다. 정화는 자신의 식욕을 1인 방송인
이 대신 배설하거나 시청자가 음식을 같이 먹으며 식욕을 배설하는 것
이다. 순화는 먹방 시청을 통해 식욕을 다스리고 조절하게 되는 쾌감을
의미한다.

먹방은 서사를 가진 이야기와 비슷한 특성을 가지고 있다. 하지만 먹
방은 문학적 서사와 비교되는 고유한 특성이 있다. 먹방은 청각적 요소
가 적극적으로 활용된다. 먹방은 글이 아니라 발화, 소리로 내용을 전달
한다. 그렇기 때문에 먹방이 진행되는 일 분 일 초마다 생성된 모든 발화

및 소리가 사건으로 작용한다. 청각적 요소가 극대화 될 때는 음식을 먹는 소리가 날 때이다. 음식을 먹는 소리와 재료의 식감을 잘 나타내주는 소리가 들릴 때 시청자는 즐거움을 경험한다.

시각은 주로 먹방에서 활용되는 감각이다. 시청자는 영상을 봐야지만 정보와 감정을 전달받고 느낄 수 있다. 이러한 이유 때문에 시각적 자극을 강조하는 경향이 많다. 음식을 화면 가득 담을 수 있도록 카메라의 구도를 설정하거나 음식을 카메라 가까이 보여주기도 한다. 음식의 색이 잘 드러나도록 화면의 색감을 조정하는 효과도 사용한다. 먹방에서 시각은 '관찰'에 사용된다. 시청자들은 음식과 진행자를 '관찰'하며 영상을 감상한다. 문학작품은 글을 읽고 이미지를 '상상'하면서 감상하게 된다. 먹방은 시각을 사용하지만 더 일차적인 방식으로 시각을 사용한다고 할 수 있다.

먹방의 가장 독특한 특징은 시청자가 참여한다는 것이다. 시청자는 채팅을 통해 진행자에게 말을 걸기도 하며 진행자가 할 행동에 영향을 끼친다. 먹방은 시청자와 1인 방송인의 실시간 공유가 가능한 특성을 가진 서사이다. 먹방은 시청자가 진행자와 함께 먹방에 동참하고 모든 것을 공유하며 체험하는 형태를 가졌다. 이렇듯 먹방은 고유한 사건, 배경, 갈등의 형태를 갖춘 체험 가능한 서사로 사람들에게 인기를 얻고 있다.

# 영화 제목, 번역을 만나다

정 예 슬, 최 가 연

## 1. 서론

영화 제목은 관객이 영화를 대면할 때 얻는 첫 정보이다. 수많은 영화들 사이에서 흥행하기 위해서는 관객에게 인상적이고, 매력을 어필할 수 있는 제목이 필요하다. 동시에 영화 내용을 잘 담아내야 하며 함축적 의미도 지녀야 한다. 영화 제목의 번역은 각 나라의 문화를 반영하는 것은 물론, 원제의 언어에 따라 의미에도 큰 차이가 있다.

이에 대해 본고는 한국에 수입되는 외국 영화와 외국으로 수출되는 한국 영화들의 제목 번역 유형을 크게 음역, 직역, 의역, 개역으로 나누고, 각 번역 유형별 정의와 함께 사례들을 분석하며, 수출 및 수입 영화 제목의 번역 양상을 살펴보고자 한다.

## 2. 번역이란?

영어에서 '번역'에 해당하는 'translation'은 라틴어 동사 'transferre'의 과거분사 'translatus'에서 유래한, '한 점에서 다른 점으로 무엇인가를 옮기다' 라는 뜻으로 시간적 · 공간적 이동의 의미를 내포하고 있다.[1] 우리말 사전에는 번역이란 '한 나라 말로 된 글을 다른 나

---

1) 김효중(1998), 「번역이론에 관한 역사적 고찰」, 인문과학연구 제 1권, p.2.

라 말로 옮기는 것'으로 나타나 있다.

김효중(2001)은 번역이란 단순한 언어 기호의 전환이 아니고 그 언어를 사용하는 언어 공동체의 구성원만이 직감적으로 알 수 있는 역사적 사회적 문화적으로 전수된 복합적 요인을 내포한 언어 기호를 다른 언어 기호로 옮기는 작업 즉, 문화의 변용이라고 하였다.[2]

번역이 언어의 전환인 동시에 문화적 전환이라는 점에서 볼 때 '해석'과는 구별된다. 디드로(Diderot)와 달랑베르(d'Alembert)에 의하면 해석은 좀 더 자구적이고 출발언어의 고유한 언어 운영 방식을 좀 더 중요시하며 그 방법에 있어 분석적인 언어 구성의 관점에 좀 더 매달리는 반면 번역은 사고의 기저에 무엇이 있는가를 좀 더 중요시 생각하며 이를 새로운 언어로 표현하는데 적합한 형식이 어떤 것인가에 대해 좀 더 관심을 쏟으며 그 표현에 있어 이 새로운 언어의 표현 방식과 관용어에 좀 더 집착한다고 하여 번역과 해석을 구별하였다.[3]


## 3. 수입/ 수출 영화 번역 사례 분석

### 1) 음역

음역은 원제의 발음을 번역 언어의 발음에 따라 표기하는 방식[4]으로, 번역 언어의 소리를 빌려 원제의 발음을 묘사하는 번역 방법이다. 본고

---

2) 김효중(2001), 「문학 번역의 새로운 패러다임」, 한국비교문학회 제 27권, pp.6-7.
3) 최정화(2000), 「통역번역입문」, 서울:신론사, p.112.
4) 조영희(2014), 「미국 영화제목 번역의 한일 비교」, 통번역학연구 제 18권, p.6.

에서는 관사와 같은 일부 문법적 요소를 생략하는 경우도 음역의 영역에 포함하였다.

## ① 음역만 사용된 번역

음역은 영화 제목 번역에서 제일 많이 사용되는 유형이다. 원제 그대로 음역한 영화 제목이 상당수에 달해 음역이 영화 제목의 영한 번역에 있어서는 하나의 경향으로 잡았다고 해도 과언이 아니다.[5]

먼저 수입 영화의 한국어 번역 사례를 살펴보겠다. 수입 영화 제목을 한국어로 번역할 때 음역을 사용하는 경우가 점차 늘어나고 있다. 한국에서의 외국어 사용이 그만큼 익숙해지고 있기 때문이다. 특히 영어의 사용이 익숙해진 한국 사회에서 영미권 영화의 한국어 음역은 관객에게 어색하거나 불편하지 않으면서도 쉬운 번역이 가능하다. 영미권 영화의 제목이 고유명사인 경우 한국어로 번역하는데 어려움을 겪을 수 있다. 영화의 내용을 해치지 않으면서도 어색하지 않은 제목을 창작해야하기 때문이다. 그런데 음역을 하게 된다면 쉽게 번역이 가능하면서도 어색하지 않게 관객에게 다가갈 수 있다.

또한 번역할 경우 원제가 가진 느낌이 변하거나 다소 약해질 수 있다. 원제가 전문 용어일 경우 쉽게 풀이를 하면 전달력이 약해질 수 있고, 변역의 과정을 통해 원제일 때 지녔던 라임(rhyme)이 사라질 수 있기 때문이다. 이러한 이유들로 인해 최근 영미권 수입 영화의 경우 음역을 선호하는 추세이다.

---

5) 오미형(2012), 「한국영화의 제목번역 고찰」, 번역학연구 제 19권, p.69.

〈표1〉 수입 영화 제목의 한국어 음역 사례

| 수입 영화 제목 | 번역 제목 |
|---|---|
| Maleficent (미국, 2014) | 말레피센트 (한국, 2014) |
| Begin Again (미국, 2013) | 비긴 어게인 (한국, 2014) |
| Edge Of Tomorrow (미국, 2014) | 엣지 오브 투모로우 (한국, 2014) |
| Interstellar (미국, 2014) | 인터스텔라 (한국, 2014) |
| X man: Days Of Future Past (미국, 2014) | 엑스맨: 데이즈 오브 퓨처 패스트 (한국, 2014) |
| Venom (미국, 2018) | 베놈 (한국, 2018) |

〈표1〉을 보면 'Maleficent/ 말레피센트', 'Venom/ 베놈'의 경우 원제가 고유명사이기에 원제를 그대로 살려 음역한 경우이다.

'X man: Days Of Future Past/ 엑스맨: 데이즈 오브 퓨처 패스트'는 'X man'이라는 고유명사를 살리는 동시에 'Days Of Future Past'를 '옛 미래의 나날들'로 직역하지 않고 음역했다. 이는 마블 코믹스에서 나온 같은 제목의 만화 'Days Of Future Past'를 원작으로 삼고 있기 때문이다. 만화 'Days Of Future Past'가 원작임을 강조하면서 마블 코믹스의 팬인 관객의 관심을 끌어 홍보하기 위한 전략이라 할 수 있다.

'Begin Again/ 비긴 어게인', 'Edge Of Tomorrow/ 엣지 오브 투모로우', 'Interstellar/ 인터스텔라'의 경우 고유명사가 아니기에 번역할 수 있음에도 불구하고 음역을 택한 사례이다. 먼저 'Begin Again/ 비긴 어게인'은 잘 나가는 프로듀서였지만 해고된 댄과 음악적 파트너였던 남자친구에게 배신당한 그레타가 음악으로 교감하며 뉴욕에서 다시 시작한다는 내용의 영화이다. 이런 영화 줄거리에 충실한 원제 'Begin Again'을 직역하면 '다시 시작하다' 정도로 해석할 수 있다. 그러나 이런 번역은 원제가 가진 '인'의 라임(비'긴'어게'인')이 사라지면서 원제의 느낌이 다소 약해질 수 있다. 원제가 지닌 라임을 살리면서 번역을 위해 음역을 사용한 것이다.

'Edge Of Tomorrow/ 엣지 오브 투모로우'는 미믹이라 불리는 외계 종족의 침략으로 인류가 멸망 위기를 맞은 미래 사회의 이야기다. 영화 주인공인 빌 케이지는 자살과 다름없는 작전에 훈련이나 장비를 제대로 갖추지 못한 상태로 배정되고 전투에 참여하자마자 죽음을 맞는다. 그런데 죽음의 순간 미믹과의 접촉으로 인해 같은 시간대를 반복해서 겪게 되는 타임 루프에 갇히게 된다. 'Edge Of Tomorrow'라는 제목은 '오늘과 내일의 경계'라는 의미를 지닌 말로, 오늘과 내일 사이에서 헤매는 영화 내용을 잘 담아낸 제목이다. 그러나 한국어로 제목을 직역하면 '내일의 경계', '내일의 끝' 정도로 해석된다. 이러한 번역은 타임 루프 영화이면서 전쟁 영화인 줄거리를 잘 살리지 못하는 번역일 뿐 아니라 자칫하면 감성적인 내용의 영화로 오인할 수 있다. 따라서 영화의 내용을 잘 담아내면서도 어색하지 않은 '엣지 오브 투모로우'로 음역한 것이다.

'Interstellar/ 인터스텔라'는 전 세계적인 식량 부족으로 인해 멸망 직전인 지구에서 벗어나 다른 행성을 탐사하면서 사건이 벌어지는 내용의 SF영화이다. 원제 'Interstellar'는 '행성 간의'라는 의미로, 우주에 관련된 SF영화이면서 행성탐사에 관한 줄거리를 잘 살린 제목이다. 이 제목을 한국어로 번역한다면 '행성 사이', '행성 간' 정도로 해석할 수 있다. 그러나 이런 번역은 원제의 느낌을 다소 약하게 전달한다. 따라서 '인터스텔라'라는 음역을 통해 원제의 느낌을 잘 살렸다고 할 수 있다.

다음으로는 수출 영화의 외국어 번역 사례를 살펴보겠다. 수입 영화를 한국어로 번역할 경우 음역이 자주 쓰인다. 이는 한국에서 영어 사용이 일상화 되었기에 가능한 것으로 볼 수 있다.[6] 즉, 영화 제작 국가의 언어가 익숙한 경우에는 음역이 적합하지만 그렇지 않은 경우에는 그 나라의 언어를 소리 나는 대로 옮기는 음역은 적합하지 않을 수 있다는 것이다. 이에 대해 오미형(2012)은 음차의 번역기법에 대해 한국 영화의 제목을 영어로 번역 시 상대적으로 덜 알려진 언어인 한국어의 위치를 고려할 때 효과적인 번역방법이 될 수 있을지에 대한 고민이 필요하다고 하였다.[7] 이러한 점들을 고려하여 수출 영화에 음역이 사용된 사례를 살펴보고자 한다.

〈표2〉 수출 영화 제목의 영어 음역 사례

| 수출 영화 제목 | 번역 제목 |
| --- | --- |
| 오세암 (한국, 2003) | Oseam (프랑스, 2004) |
| 실미도 (한국, 2003) | Silmido (일본, 2004) |
| 마파도 (한국, 2005) | Mapado (홍콩, 2005) |

〈표2〉를 보면 '오세암/ Oseam', '실미도/ Silmido', '마파도/ Mapado' 모두 원제가 고유명사이기에 원제 그대로를 살려서 음역한 경우이다.[8] 그러나 이처럼 고유명사를 그대로 음역하는 것은 외국 관객들에게 혼란이나 거부감을 줄 가능성이 크다. 상대적으로 덜 알려진 한국

---

6) 오미형(2012), 「한국 영화의 제목번역 고찰」, 번역학연구 제 19권, p.11.

7) 임종우(2017), 「영화제목 번역기법의 규범에 관한 기술적(descriptive)연구 : 2014년 국내에서 개봉한 영미권 영화를 중심으로」, 한국외국어대학교 대학원 석사논문, p.24에서 재인용

8) 오미형(2012), 「한국 영화의 제목번역 고찰」, 번역학연구 제 19권, p.12.

어의 음역, 그 중 한국어 고유명사의 음역은 외국 관객들에게 영화의 주제나 스토리를 전달하기 어렵기 때문이다. 따라서 한국어 원제 음역은 자주 사용되지는 않는다.

### ② 음역에 다른 기법이 혼용된 번역

음역과 함께 다른 번역 기법이 첨가된 유형으로는 음역에 첨가와 삭제 기법이 같이 쓰이는 경우가 있다. 먼저 수입 영화 제목의 한국어 음역 사례를 살펴보면 다음과 같다.

〈표3〉 수입 영화 제목의 한국어 음역과 다른 기법 혼용 사례

| 수입 영화 제목 | 번역 제목 |
|---|---|
| Nanny McPhee (미국, 2005) | 내니맥피-우리 유모는 마법사 (한국, 2006) |
| The Nut Job (미국 · 캐나다, 2014) | 넛잡: 땅콩 도둑들 (한국, 2014) |
| The Giver (미국, 2014) | 더 기버: 기억전달자 (한국, 2014) |
| Pompeii (미국, 2014) | 폼페이: 최후의 날 (한국, 2014) |
| The Family (미국, 2013) | 위험한 패밀리 (한국, 2014) |
| Teenage Mutant Ninja Turtles (미국, 2014) | 닌자 터틀 (한국, 2014) |

〈표3〉은 모두 원제를 그대로 음역한 후 정보를 추가한 사례이다. 'Nanny McPhee/ 내니맥피-우리 유모는 마법사', 'The Giver/ 더 기버: 기억전달자'의 경우는 부제를 첨가함으로써 설명을 더한다. 이는 관객들의 이해를 도모하기 위하여 사용된 기법이다.

'Nanny McPhee/ 내니맥피-우리 유모는 마법사'는 아이는 일곱 명인데 돌볼 사람은 없는 집에 마법사 유모 맥피가 오면서 일어나는 일들

에 관한 영화이다. 'Nanny'는 '유모, 보모'를 뜻하는 말로, 비교적 생소한 단어이다. 영화 'Nanny McPhee/ 내니맥피-우리 유모는 마법사'는 이런 생소함을 관객에게 이해시키면서 동시에 원제의 느낌은 살리기 위해 원제를 음역하고 뒤에 부제를 달아 정보를 추가하였다. 생소한 등장인물의 이름이나 단어는 첨가 기법을 사용하여 대략적으로 영화의 내용을 알 수 있게 도와준 것이다.

'The Nut Job/ 넛잡: 땅콩 도둑들'역시 원제에 첨가 기법을 사용한 사례이다. 'The Nut Job/ 넛잡: 땅콩 도둑들'은 겨울나기용 양식을 구하기 위해서 땅콩가게를 습격하는 동물들에 대한 영화이다. 원제 'The Nut Job'은 중의적인 표현이다. 'The Nut Job/ 넛잡: 땅콩 도둑들'의 감독은 'Nut Job'이 견과류를 뜻하는 'Nut'에 영어에서 무언가를 훔칠 때 붙이는 단어 'Job'을 더한 '땅콩 도둑'이라는 의미이면서, 동시에 '특이한 사람'이라는 뜻인 'Nut Job'의 의미라고 밝혔다.[9] 그러나 이것은 영어권 국가에서 통용되는 언어유희이기에 한국 관객들은 이해할 수 없는 내용이다. 따라서 한국 관객들의 이해를 돕고 영화의 내용을 담아내기 위해서 '넛잡'이라는 음역 뒤에 '땅콩 도둑들'이라는 부제를 첨가한 것이다.

'The Giver/ 더 기버: 기억전달자'는 주인공이 조작된 기억을 가진 세상에서 진짜 기억, 감정을 알게 되면서 사람들에게 진짜 기억을 전달한다는 내용의 영화이다. 원제 'The Giver'는 이런 줄거리를 잘 담아낸 제목이다. 그러나 한국어로 직역하면 '주는 사람', '전달하는 사람' 정도로만 해석되어서 원제가 가진 느낌이 희석되어 전달될 수 있다. 따라서

---

9) 이지영, 「인터뷰ㅣ〈넛잡: 땅콩 도둑들〉피터 레페니오티스 감독 "한국 스태프들과 작업 굉장한 경험이었다"」, 맥스무비, 2014.01.24.
   http://news.maxmovie.com/126044#csidxb2d1fe89f4e1c679a10550713e751ce, 검색일 2018.11.17.

영화의 줄거리와 원제의 느낌을 잘 살리기 위해 '기억전달자' 라는 부제를 붙인 것이다.

'Pompeii/ 폼페이: 최후의 날' 은 화산 폭발 앞에서도 굳건했던 노예 검투사와 귀족 여인의 사랑 이야기를 다룬 영화이다. 이 영화의 배경인 폼페이는 화산 폭발로 인해 고대 도시 전부가 화석이 된 것으로 유명한 지역이다. 그래서 원제 역시 'Pompeii' 라는 고유명사 하나로 영화 내용 전부를 설명하고 있다. 그러나 한국에서는 폼페이에 대한 배경지식이 다소 낯설 수 있기 때문에 '최후의 날' 이라는 부제를 덧붙여 폼페이에서 재난 같은 일이 일어나는 영화임을 암시하고 있다.

'The Family/ 위험한 패밀리' 는 조직의 보스였던 사람과 그의 가족이 시골마을에 내려가면서 발생하는 이야기를 다룬 영화이다. 원제는 'The Family' 로 'Family' 라는 단어가 영미권에서 마피아와 같은 조직을 나타내는 은어이기 때문에 사용한 것이다. 그러나 이걸 한국어로 번역하면 '가족' 으로, 관객들이 가족영화로 오인할 수 있다. 그래서 'Family' 는 그대로 음역하고 앞에 '위험한' 이란 단어를 추가하였다. 이로 인해서 '패거리', '조직' 의 뉘앙스인 '패밀리' 는 살리면서 동시에 이 영화의 장르가 범죄 스릴러임을 은연중에 나타내는 제목이 탄생하였다.

'Teenage Mutant Ninja Turtles/ 닌자 터틀' 은 삭제 기법을 사용한 사례이다. 'Teenage Mutant Ninja Turtles' 는 음역하면 '티네이저 뮤턴트 닌자 터틀' 이고, 직역하면 '십대의 돌연변이 닌자 거북이' 이다. 이 중에서 '십대의 돌연변이' 인 'Teenage Mutant' 를 삭제했다. '티네이저 뮤턴트' 라는 음역이 사람들에게 생소한 단어이고 해석이 어렵기 때문에 과감히 생략한 것으로 볼 수 있다. 'Ninja Turtles' 을 '닌자 거북이' 로 번역하지 않고, '닌자 터틀' 로 음역한 이유는 이 영화가 1990년에 나온 '닌자 거북이' 의 리부트(reboot)[10) 영화이기 때문이다. '닌자 거북이' 와 '닌자 터틀' 은 똑같이 닌자 거북이 캐릭터가 주인공으로 등장하지만 이야기 진행이 다르다. 때문에 이전의 영화와 구분 짓기 위해서 'Ninja Turtles' 을 그대로 음역한 '닌자 터틀' 을 제목을 정한 것이다.

다음으로 수출 영화의 영어 음역과 다른 기법 혼용 사례를 살펴보면 다음과 같다.

〈표4〉 수출 영화 제목의 영어 음역과 다른 기법 혼용 사례

| 수입 영화 제목 | 번역 제목 |
|---|---|
| 화이: 괴물을 삼킨 아이 (한국, 2013) | Hwayi: A Monster Boy (스페인, 2014) |
| 동주 (한국, 2016) | DongJu; The Portrait Of A Poet (미국, 2016) |
| 아수라 (한국, 2016) | Asura: The City Of Madness (미국, 2016) |
| 전우치 (한국, 2009) | Jeon Woochi: The Taoist Wizard (영국 · 뉴질랜드 · 호주, 2009) |

〈표4〉는 모두 음역과 다른 기법이 혼용된 사례들이다.

'화이: 괴물을 삼킨 아이/ Hwayi: A Monster Boy' 는 5명의 범죄자를 아버지로 두고 자란 소년 '화이' 의 이야기이다. 화이는 보통의 아이들과는 다르게 아버지들로부터 범죄에 관한 교육을 받으며 지낸다. 그러던 어느 날 자신에 대한 진실을 알게 되고, 아버지들에게 배운 것들을 활용하여 아버지들에게 복수를 하게 된다. 아무것도 모르던 화이가 복수로

---

10) 시리즈의 연속성을 버리고 말 그대로 다시 시작한다는 의미이다.

인해 점점 괴물이 되어간다는 내용을 담고 있기에 관용적으로 '괴물을 삼킨 아이' 라는 표현을 사용한 것이다. 한국에서는 괴물을 삼켜서 괴물이 되어간다는 관용적 표현이 이해되지만, 이것을 직역할 경우 말 그대로 '괴물을 먹어치우는 소년' 으로 해석될 수 있다. 따라서 '화이' 라는 고유명사는 음역으로 살리고 그 뒤는 'A Monster Boy/ 괴물 소년' 이라고 의역하였다.

'동주/ DongJu; The Portrait Of A Poet' 는 시인 윤동주의 삶에 관한 영화이다. 윤동주는 한국에서 사랑받는 시인이자, 시대를 대표하는 예술가이다. 이 때문에 '동주' 라는 단어만으로 제목을 정해도 사람들은 자연스럽게 윤동주를 떠올린다. 그러나 해외에서는 윤동주라는 이름이 낯설고 생소할 수밖에 없다. 그렇기에 '동주' 라는 고유명사를 음역하고 그 뒤에 'The Portrait Of A Poet/ 시인의 초상화' 라는 설명을 첨가하여 영화가 동주라는 시인의 이야기임을 나타내고 있다.

'아수라/ Asura: The City Of Madness' 는 비리를 저지르는 각종 악인들에 대한 이야기이다. 영화 아수라는 악인들이 서로를 무너뜨리려 싸우는 모습을 보여주는데, 이 모습이 마치 불교에서 말하는 싸움이 끊이지 않는 지옥 '아수라' 같다는 의미에서 제목을 아수라로 정했다. 그러나 해외에서는 '아수라' 라는 단어가 생소하기에 아수라를 음역하고 그 뒤에 '광기의 도시/ The City Of Madness' 라는 설명을 덧붙였다.

'전우치/ Jeon Woochi: The Taoist Wizard' 는 조선시대 도사인 전우치가 500년 후 현대에서 봉인에서 풀려 세상을 어지럽히는 요괴들에 맞서 싸우는 내용의 영화이다. 한국에서는 '도사 전우치' 라는 캐릭터가 익숙하다. 고전소설 '전우치전' 이나, 전우치를 재해석한 다양한 콘텐츠들을 통해 접할 기회가 많기 때문이다. 그렇기에 '전우치' 라는 캐릭터만을 제목으로 내세워도 관객들은 동양 판타지에 관한 영화임을 알고 흥미를 가질 수 있다. 그러나 외국에서는 '도사 전우치' 라는 캐릭터가 생소할 수밖에 없다. 따라서 '전우치'를 음역한 'Jeon Woochi' 뒤에 'The Taoist Wizard/ 도교의 마법사' 라는 부제를 덧붙여 동양 판타지에 관한 영화임을 설명하고 있다.

## 2) 직역

직역은 원제의 사전적 의미를 단어 대 단어로 대응시켜가면서 번역하는 방식[11]이다. 본고에서는 외래어일지라도 표준국어대사전에 등재가 되어있는 단어라면 음역이 아닌 직역의 기법이 쓰인 것으로, 그렇지 않으면 음역의 기법으로 분석했다.

먼저 수입 영화 제목의 한국어 직역 사례를 살펴보면 다음과 같다.

〈표5〉 수입 영화 제목의 한국어 직역 사례

| 수입 영화 제목 | 번역 제목 |
|---|---|
| Only Lovers Left Alive (미국, 2013) | 오직 사랑하는 이들만이 살아남는다 (한국, 2014) |
| Bad Neighbours (미국, 2014) | 나쁜 이웃들 (한국, 2014) |
| Scent Of A Woman (미국, 1992) | 여인의 향기 (한국, 1993) |
| Life Is Beautiful (이탈리아, 1997) | 인생은 아름다워 (한국, 1999) |
| I Am Legend (미국, 2007) | 나는 전설이다 (한국, 2007) |
| The Greatest Showman (미국, 2017) | 위대한 쇼맨 (한국, 2017) |

---

11) 김수경(2008) 「한·일 양국의 영화제목 번역 양상 연구 - 문화적 배경이 번역에 미치는 영향」, 중앙대학교 석사학위논문, p.38.

〈표5〉는 모두 원제의 의미를 그대로 살려 번역한 직역의 사례들이다. 이 제목들은 원제가 영화의 내용과 주제에 충실한 제목임을 감안하여, 원제의 느낌과 최대한 가까운 단어들로 번역하였다. 이러한 직역은 관객들이 보기에 원제를 잘 살리면서도 어색하지 않은 번역이면서, 음역보다는 더 쉽게 다가오는 효과를 준다.

다음으로 수출 영화 제목의 영어 직역 사례를 살펴보려 한다.

〈표6〉 수출 영화 제목의 영어 직역 사례

| 수출 영화 제목 | 번역 제목 |
|---|---|
| 박하사탕 (한국, 2000) | Peppermint Candy (체코, 2000) |
| 시 (한국, 2010) | Poetry (프랑스, 2010) |
| 목격자 (한국, 2018) | The Witness (미국, 2018) |
| 부산행 (한국, 2016) | Train To Busan (미국, 2016) |
| 암살 (한국, 2015) | Assassination (한국, 2015) |

〈표6〉의 사례들은 크게 무리 없이 번역이 되었다. 〈표6〉의 제목 모두 직역하는데 어려움이 없는 어휘들로 구성되어 있기에 깔끔한 직역이 가능했던 것으로 보인다.

## 3) 의역

의역은 문화적 차이를 보다 효과적으로 전달할 수 있도록 원제에 구애받지 않고 영화의 내용과 취지를 관객이 쉽게 이해할 수 있도록 풀이

하는 방식[12]이다. 원제와 뜻은 동일하나 문장의 순서가 도치되거나 품사의 변화가 일어난 경우, 혹은 원제 중 일부만 의미상 일대일로 대응하는 번역 언어의 단어로 번역하고 나머지 일부는 생략 또는 원제에 없는 표현으로 번역하거나 새로운 표현을 첨가하여 번역한 경우[13]가 이에 해당한다.

먼저 수입 영화의 한국어 의역 사례를 살펴보겠다.

〈표6〉 수입 영화의 한국어 의역 사례

| 수입 영화 제목 | 직역 | 번역 제목 |
|---|---|---|
| Name Of A Woman (이탈리아, 2018) | 여자의 이름 | 여자라는 이름으로 (한국, 2018) |
| Wreck-It Ralph (미국, 2012) | 부숴라 랄프 | 주먹왕 랄프 (한국, 2012) |
| The House With a Clock In Its Walls (미국, 2018) | 벽 속에 시계가 있는 집 | 벽 속에 숨은 마법시계 (한국, 2018) |
| Basic Instinct (미국, 1992) | 기초적인 본능 | 원초적 본능 (한국, 1992) |
| Fun With Dick and Jane (미국, 2005) | 재밌는 딕과 제인 | 뻔뻔한 딕 & 제인 (한국, 2006) |

〈표6〉 중에서 'Name Of A Woman/ 여자라는 이름으로', 'Wreck-It Ralph/ 주먹왕 랄프', 'The House With a Clock In Its Walls/ 벽 속에 숨은 마법시계'는 원제의 일부는 살리되 약간의 변형을 준 의역의 사례이다.

'Name Of A Woman/ 여자라는 이름으로'는 싱글맘인 주인공 나나

---

12) 김수경(2008) 「한 · 일 양국의 영화제목 번역 양상 연구 – 문화적 배경이 번역에 미치는 영향」,중앙대학교 교육대학원 학위논문, pp.41-42.

13) 조영희(2014), 「미국 영화제목 번역의 한일 비교」, 한국외국어대학교 통역번역연구소 제 18권, p.5.

가 자신과 비슷한 처지의 동료들과 연대하며 성추행 문제를 해결해 나가는 내용이다. '여자라는 이름으로'라는 제목은 사회적 약자인 여성들이 세상을 향해 목소리를 내는 영화의 내용을 잘 살리기 위해 품사의 변화가 일어난 의역이다.

'Wreck-It Ralph/ 주먹왕 랄프'는 게임 속 건물 부수는 악당 역할을 맡은 캐릭터 랄프의 이야기이다. 원제는 영화의 내용을 잘 담아내기 위해서 'Wreck-It'이라는 표현을 사용했는데, 이것을 직역하면 '부숴라 랄프' 정도로 번역할 수 있다. 원제의 느낌과 영화적 내용을 살리면서 문법적 어색함을 없애고, 주 타겟층인 어린이들에게 어필할 수 있도록 '주먹왕 랄프'로 의역하였다. 이는 원제의 '랄프'는 그대로 번역하고 '부숴라'를 '주먹왕'으로 원제에서는 없는 표현으로 바꿨다.

'The House With a Clock In Its Walls/ 벽 속에 숨은 마법시계'는 미스테리한 집 속에 숨어있는 마법 시계를 찾는 판타지 영화이다. 원제는 영화 내용에 충실한 'The House With a Clock In Its Walls/ 벽 속에 시계가 있는 집'이지만 판타지적 요소와 모험, 미스터리 요소를 부각하기 위해 '마법', '숨는' 등의 새로운 의미를 첨가하여 의역하였다.

'Basic Instinct/원초적 본능'은 폭력이나 성적 욕망 등 인간이 내면에 가지고 있는 본능을 통해 보수적인 사회층에 대한 풍자를 이야기 하는 영화이다. 원제인 'Basic Instinct'는 직역하면 '기초적인 본능'이라는 의미로 영화 내용에 충실한 제목이다. 그러나 보다 더 직접적이고 매끄러운 해석을 위해서 '원초적 본능'이라고 의역하였다. 이는 '본능'은 그대로 번역하고 '기초적'을 '원초적'으로 바꿔 원제와는 다른 표현으로 바꾼 기법이다.

'Fun With Dick and Jane/ 뻔뻔한 딕&제인'은 주인공 딕과 제인이 생활고로 인해 점점 뻔뻔하게 행동하는 내용을 고려하여 '재밌는' 보다는 '뻔뻔한'으로 의역한 사례이다. 이는 '딕과 제인은' 그대로 번역하고 '재밌는'을 '뻔뻔한'으로 바꿔 원제에 없는 표현으로 바꿨다.

다음으로 수출 영화의 영어 의역 사례를 살펴보겠다.

〈표7〉수출 영화의 영어 의역 사례

| 수출 영화 제목 | 번역 제목 |
|---|---|
| 신과 함께- 죄와 벌 (한국, 2017) | Along With The Gods: The Two Worlds (미국, 2017) |
| 오감도 (한국, 2009) | Five Senses Of Eros (미국, 2009) |
| 검은 사제들 (한국, 2015) | The Priests (미국, 2015) |
| 건축학개론 (한국, 2012) | Architecture 101 (미국, 2012) |

'신과 함께-죄와 벌/ Along With The Gods: The Two Worlds'은 화재 사고 현장에서 여자 아이를 구하다 죽음을 맞이한 소방관 김자홍이 환생하기 위해 저승에서 재판을 거치는 이야기이다. 저승법에 의하면, 모든 인간은 사후 49일 동안 7번의 재판을 거쳐야만 한다. 7개의 지옥에서 7번의 재판을 무사히 통과한 망자만이 환생하여 새로운 삶을 시작할 수 있다. 이는 원제의 일부인 '신과 함께'를 'Along With the Gods'으로 그대로 번역하고, '죄와 벌'을 'The Two Worlds'로 바꿔 번역한 사례이다. 죄는 현생을, 벌은 사후 세계를 뜻하여 '두 가지 세계(The Two Worlds)'라는 새로운 표현을 첨가했다. 현생에서 지은 죄는 지옥에서 벌

을 받는다는 영화의 내용을 잘 나타내었다.

'오감도/ Five Senses Of Eros'는 성과 관련하여 남녀간의 5개의 진솔한 이야기가 전개되는 영화이다. '오감도'는 직역하면 'Five Senses'인데 'Of Eros'를 붙였다. 이는 원제의 일부인 오감도를 그대로 번역하고 '에로스'라는 새로운 표현을 첨가한 것이다.

'검은 사제들/ The Priests'은 여고생의 몸속에 숨은 악령을 퇴치하는 신부들의 이야기로 영화의 전체적인 분위기는 어둡고 암울하다. 한국에서는 제목을 통해 이런 영화의 분위기를 전달하기 위해서 사제들이라는 단어 앞에 '검은'을 붙여 강조하고 있다. 그러나 해외의 경우 사제들을 나타내는 단어 'Priests'앞에 'black'을 붙일 경우 '타락한 사제'라는 의미로 해석될 여지가 발생한다. 제목으로 인해 영화의 내용을 오해하는 걸 방지하기 위해서 '검은'의 의미는 제외시키고 'The Priests'로 의역한 것이다. 이는 원제 중 사제만 그대로 번역하고 나머지 일부인 '검은'은 생략하였다.

'건축학개론/ Architecture 101'은 건축학개론 수업에서 처음 만난 스무 살 승민과 서연의 풋풋한 사랑을 다룬 영화이다. 서툰 모습에서 나오는 풋풋함을 강조하기 위해서 'Architecture(건축학개론)'에 '101'를 붙였다. 미국의 대학생 첫 수강 과목 옆에는 '101'이라는 숫자를 붙이는데, '101'은 '기초과정', '입문'이라는 뜻이 있다. 건축학개론의 원제에 '풋풋함, 서툰'의 의미를 내포하는 '101'라는 새로운 표현을 첨가한 의역의 사례이다.

## 4) 개역

개역은 원제와는 전혀 다른 의미와 내용으로 재창조하는 방식으로, '새로 쓰기'[14]라고 불리기도 한다. 개역의 방식을 사용할 경우, 원제의 고유명사를 완전히 배제하고 영화의 내용, 주제를 반영한 다른 표현, 다른 내용으로 대체하여 제목이 생성된다.[15]

먼저 수입 영화의 한국어 번역 사례를 살펴보겠다.

〈표8〉수입 영화의 한국어 개역 사례

| 수입 영화 제목 | 직역 | 번역 제목 |
|---|---|---|
| Christopher Robin (미국, 2018) | 크리스토퍼 로빈 | 곰돌이 푸 다시 만나 행복해 (한국, 2018) |
| The Secret Life Of Walter Mitty (미국, 2013) | 월터 미티의 은밀한 생활 | 월터의 상상은 현실이 된다 (한국, 2013) |
| Night At The Museum (미국, 영국, 2006) | 박물관에서의 밤 | 박물관이 살아있다 (한국, 2006) |
| Ghost (미국, 1990) | 유령 | 사랑과 영혼 (한국, 1990) |
| The Curious Case Of Benjamin Button (미국, 2009) | 벤자민 버튼의 기이한 경우 | 벤자민 버튼의 시간은 거꾸로 간다 (한국, 2009) |
| Summer 1993 (스페인, 2018) | 여름 1993 | 프리다의 그해 여름 (한국, 2018) |

〈표8〉의 'Christopher Robin/ 곰돌이 푸 다시 만나 행복해'는 '남자 주인공인 크리스토퍼 로빈이 지친 일상 속에서 비밀 친구인 곰돌이 푸를

---

14) 오미형(2012), 「한국영화의 제목번역 고찰」, 한국번역학회 제 13권, p.17.
15) 오미형(2012), 「한국영화의 제목번역 고찰」, 한국번역학회 제 13권, p.18.

만나 신비한 모험을 하게 되는 내용이다. '크리스터 로빈'은 영화의 내용과 주제를 담는 것에 한계가 있기 때문에 '곰돌이 푸 다시 만나 행복해'라고 개역하였다.

'The Secret Life Of Walter Mitty/ 월터의 상상은 현실이 된다'는 직역하면 '월터 미티의 은밀한 생활'이다. 잡지사에서 16년째 근무 중인 월터 미티는 폐간을 앞둔 마지막 호 표지 사진을 찾기 위해 '상상'을 통해 모험을 시작한다. '비밀스러운 생활'보다는 '상상은 현실이 된다'라고 표현함으로써 관객의 호기심을 자극하도록 개역하였다.

'Night At The Museum/ 박물관이 살아있다'는 '박물관에서의 밤'으로 직역하면 다소 단조로운 느낌을 받을 수 있다. 액션과 판타지의 느낌을 살리면서 박물관의 전시물들이 움직이는 생동감을 나타내기 위해 '박물관이 살아있다'라고 개역함으로써 성공적인 번역 사례로 볼 수 있다.

'Ghost/ 사랑과 영혼'은 '유령'으로 직역된다. '영혼을 통한 사랑'이라는 주제를 '유령'으로 표현하는 것은 한계가 있기 때문에 '사랑과 영혼'으로 개역하였다. 또한 '유령'이라고 하면 제목만 봤을 때 스릴러 영화로 생각할 수 있는 여지가 있기 때문에 멜로/로맨스의 분위기가 느껴지게 개역한 것으로 볼 수 있다.

'The Curious Case Of Benjamine Button/ 벤자민 버튼의 시간은 거꾸로 간다'는 '벤자민 버튼의 기이한 경우'로 직역할 수 있다. 주인공 벤자민은 80세의 외모를 가지고 태어났으나 시간이 지날수록 점점 젊어지는 것을 알게 된다. 점점 젊어지는 벤자민과 점점 늙어가는 데이지와의 사랑 이야기를 다룬 영화이다. 벤자민이 점점 젊어진다는 것을 단순히 '기이한 사건'으로 두루뭉술하게 표현하는 것보다 '벤자민 버튼의 시간은 거꾸로 간다' 라고 표현하여 관객들의 호기심을 자극하고, 영화의 주 사건이 무엇인지 보여주도록 개역하였다.

'Summer 1993/ 프리다의 그해 여름' 은 '여름 1993' 으로 직역된다. 이 영화는 주인공 프리다가 자신을 사랑해줄 진짜 가족을 찾으면서 일어나는 성장 이야기이기 때문에 다소 딱딱한 느낌의 직역보다는 프리다가 1993년 여름에 일어난 일들을 보여주는 내용을 담아 '프리다의 그 해 여름' 으로 개역하였다.

다음으로 수출 영화의 영어 개역 사례를 살펴보면 다음과 같다.

〈표9〉 수출 영화의 영어 개역 사례

| 수출 영화 제목 | 번역 제목 |
|---|---|
| 도가니 (한국, 2011) | Silenced (미국, 2011) |
| 안시성 (한국, 2018) | The Great Battle (미국, 2018) |
| 연애의 온도 (한국, 2013) | Very Ordinary Couple (V.O.C.) (미국, 2013) |
| 박쥐 (한국, 2009) | Thirst (미국, 2009) |
| 밀정 (한국, 2016) | The Age Of Shadows (미국, 2016) |
| 코리아 (한국, 2012) | As One (미국, 2012) |

〈표9〉의 '도가니/ Silenced' 는 광주광역시의 청각장애 특수학교인 광주인화학교에서 실제로 일어난 장애학생 성폭행 사건을 소재를 다룬 영화이다. 사회에 잠재되어 있는 비리와 모순을 고발하고 모두가 애써 외면하려는 거짓과 폭력의 실체를 적나라하게 파헤치고 있는 비판적 영화이다. '도가니' 의 황동혁 감독은 "공지영 작가가 소설 제목으로 도가니

를 선택한 이유는 무진의 자애학원이라는 곳이 우리가 상상조차 할 수 없는 엄청난 일들이 태연하게 벌어지는 '광란의 도가니' 라는 뜻으로 지은 것 같다"고 시사회에서 밝힌 바 있다. 그들의 아픔을 알면서도 침묵하고 외면한 사회와 그 속에서 말하지 못한 피해자들의 상황을 내포하여 'Silenced/침묵 당한' 으로 개역한 사례이다.

　'안시성/ The Great Battle' 은 천하를 손에 넣으려는 당 태종이 수십만 대군을 동원해 고구려의 변방 안시성을 침공한 전투를 다룬 영화이다. 20만이나 되는 당나라의 군사들과 달리 안시성은 5천명의 군사들밖에 없어 매우 불리한 전투였다. 그러나 40배의 전력 차이에도 불구하고, 안시성 성주 양만춘과 전사들은 당나라에 맞서 싸우기로 결심하고 세심한 전력들을 사용하여 결국 이긴다. 안시성은 고구려시대의 산성으로, 외국인들은 안시성에 대해 배경지식이 없기 때문에 어떠한 감흥도 줄 수 없다. 따라서 음역하여 'Ansisung' 으로 하는 것보다는 불리한 상황에도 불구하고 이겨낸 훌륭한 전투라는 의미를 담아 'The Great Battle/ 훌륭한 전투' 로 개역한 사례이다.

　'연애의 온도/ Very Ordinary Couple(V.O.C)' 는 직장동료이자 3년차 연인인 동희와 영은의 이야기를 다룬 영화이다. 연애의 구질구질한 면까지 낱낱이 보여주는 현실적인 연애의 모습을 다룬 로맨스 영화로 유명하다. 직장동료인 동희와 영은은 뜨겁게 사랑했지만 이별을 한 후 서로의 물건을 부숴 착불 택배로 보내고, 핸드폰 커플 요금을 해지하기 전 인터넷 쇼핑으로 핸드폰 요금 폭탄을 던지고, 심지어는 상대방의 새로운 애인의 SNS 탐색부터 미행까지 한다. '연애의 온도' 의 의미는 미칠 듯이 사랑했지만 차갑게 식어버리는 모습을 온도로 비유했다고 볼 수 있다. '연애의 온도' 를 직역하면 'The Temperature Of Love' 인데 결국 영화의 주인공인 동희와 영은은 지극히 평범한 커플임으로 연애의 온도라는 추상적인 표현보다는 이해하기 쉽고 와 닿을 수 있는 '아주 평범한 커플'이라는 뜻을 가진 'Very Ordinary Couple (V.O.C.)'로 개역하였다.

'박쥐/ Thirst'는 뱀파이어가 된 신부 상현과 매력적인 여자 태주의 억누를 수 없는 욕망을 다룬 영화이다. 주인공 상현은 비밀리에 진행되는 백신개발 실험에 자발적으로 참여한다. 그러나 실험 도중 바이러스 감염으로 죽음에 이르고, 정체불명의 피를 수혈 받아 기적적으로 소생한다. 그러나 그 피는 상현을 뱀파이어로 만들어버렸다. 제목 '박쥐/ Thirst'는 '흡혈'이라는 파격적인 소재 때문으로 보인다. 피를 원하는 육체적 욕구와 살인을 원치 않는 신앙심의 충돌이 상현을 짓누르고 결국 육체적 욕구에 지배당해 끝없이 쾌락을 갈구하는 이들의 삶을 투영하여 'Thirst/갈증'으로 개역한 사례이다. 또한 'Bat/박쥐'라고 직역하면 영화 배트맨을 먼저 떠올릴 수 있기 때문에 새롭게 번역한 것으로도 볼 수 있다.

'밀정/ The Age Of Shadows'는 1920년대 일제강점기를 배경으로 한 영화이다. 조선인 출신인 일본경찰 이정출은 무장독립운동 단체 의열단의 뒤를 캐라는 특명으로 의열단의 리더 김우진에게 접근한다. 자신의 목표를 위해 서로를 이용하려는 암투와 회유, 교란 작전들을 통해 일제강점기 당시의 현실을 보여준다. '밀정'은 'Spy'로 직역될 수 있지만, 'Spy'라는 영화는 이미 존재하며 단순히 첩보영화라기 보다는 암울한 일제 강점기 시대가 중점인 영화이기 때문에 '어둠의 시대'라는 뜻인 'The Age Of Shadows'로 개역하였다.

'코리아/ As One'은 남북 단일팀의 기적을 그린 영화이다. 국적란에

'South Korea'라고 표기해야 하는 우리나라 사람들에게는 '코리아'라는 단어에 많은 의미를 부여할 수 있다. 그러나 외국의 경우 단순히 나라의 명칭으로서만 읽힐 수 있기 때문에 남북이 하나가 되었다는 의미로서 'As One/하나 되어'로 개역한 사례이다. 'As One'으로 개역하여 분단된 남북한의 현실을 전달함과 동시에 감동을 더해주는 힘을 지니게 된다.


## 4. 요약 및 결론

이상과 같이 영화 제목 번역 유형을 크게 음역, 직역, 의역, 개역으로 나눠보았다. 음역은 원제의 발음을 번역 언어의 발음에 따라 표기하는 방식[16]으로, 번역 언어의 소리를 빌려 원제의 발음을 묘사하는 기법이다. 영화 제작 국가의 언어가 익숙한 경우에는 음역이 효과적이고 간단한 기법이다. 그러나 한국 영화 제목을 번역할 경우, 한국어는 상대적으로 알려지지 않은 언어이기 때문에 음역이 효과적인 방법이라고 할 수 없다.

직역은 사전적 의미를 단어 대 단어로 대응시켜가면서 번역하는 방식[17]이며 외래어일지라도 표준국어대사전에 등재가 되어있는 단어는 직역에 포함하였다. 직역은 등가어로 구현한다는 점에서 가장 정직한 번역 방법일 수 있겠으나 각 문화권에서 사용되는 단어의 분위기나 활용 방법이 다를 수 있기 때문에 내포하고 있는 언어의 의미를 그대로 전

---

16) 조영희(2014), 「미국 영화제목 번역의 한일 비교」, 통번역학연구 18-4, p.6.
17) 김수경(2008) 「한·일 양국의 영화제목 번역 양상 연구— 문화적 배경이 번역에 미치는 영향」, 중앙대학교, 석사학위논문, p.38.

달하는 것에 한계가 있다.

의역은 문화의 차이로 인해 서로 다른 의미로 해석될 수 있는 단어를 영화의 내용을 반영하는 단어로 변경하거나 삭제 또는 첨가의 방식으로 변경하여 원제에 크게 벗어나지 않으면서도 문화에 맞게 변경하려는 방법이다. 원제와 뜻은 동일하나 문장의 순서가 도치되거나 품사의 변화가 일어난 경우, 혹은 원제 중 일부만 그대로 번역하고 나머지 일부는 생략, 다른 표현으로 변경, 새로운 표현을 첨가하는 것이 이에 해당한다.

개역은 영화 제작 국가의 언어의 틀에 갇히지 않고 영화의 내용이나 줄거리가 드러나게 번역하는 기법이다. 다른 기법들과 달리 개역은 원제의 기본 형태에서 많이 달라진다. 원제의 고유명사를 완전히 배제하고 영화의 내용, 주제를 반영한 다른 표현, 다른 내용으로 대체하여 제목이 생성된다. 영화의 내용을 보다 잘 드러낸다면 효과적인 번역 기법이 될 수 있으나 실제 영화가 나타내는 주제를 왜곡하지 않는지 고려해야 한다.

영화 시장의 확장으로 인해 손쉽게 해외 영화를 접하게 되었고, 한국의 영화 역시 널리 수출되고 있다. 또한 영화에 대한 관심과 비례하여 번역에 대한 관객의 민감도와 기대치가 날로 높아지는 상황이다. 이런 배경 속에서 국내에 양질의 해외 영화를 소개하고, 해외에 한국의 영화를 알리기 위해서는 제목의 번역에 대한 고민과 연구가 필요하다.

물론 영화 제목이 영화를 선택하는 유일한 요소는 아니다. 그러나 제목은 영화의 첫 인상을 결정하고 영화를 압축해서 보여주는 창이다. 관객의 관심을 불러일으키는 의도만으로 번역한 제목은 영화의 내용과 제목의 의미가 동떨어져 영화를 오해하게 만들 수 있다. 따라서 성공적인 제목 번역을 위해서는 영화의 원제와 내용의 관계, 원제의 의미를 파악한 뒤 번역 기법을 선택해야 한다. 뿐만 아니라 원제의 의도와 영화의 매력을 살릴 수 있는 번역 방법에 대한 고민도 필요하다.

# 영화는 사실 말하지 않고 말하고 있다

## - 영화 〈신세계〉를 중심으로

김 성 훈, 김 유 탁, 김 하 림

## 1. 서론

### 1) 연구목적 및 연구범위

영화는 시각과 청각을 모두 사용하는 매체 중 하나이다. 이러한 특성으로 인해 영화를 제작할 때 감독은 언어적, 비언어적 요소를 영화 내부에 위치시켜 영화를 보는 시청자들의 시각과 청각 두 가지 감각을 모두 활용하는 작품으로 완성시킨다.

먼저 언어적 요소에는 인물의 대사가 있으며, 비언어적 요소에는 카메라, 사운드, 조명, 상징물 등이 있다. 영화 〈신세계〉에서는 비언어적 요소들이 다른 영화에 비해 굉장히 많이 등장하며, 이러한 것들이 영화의 분위기를 형성하는 데에 대놓고 드러나지 않지만 큰 역할을 한다. 이 글에서는 그 중 비언어적 요소에 중점을 두고 영화 〈신세계〉를 분석해보고자 한다.

## 2) 영화의 비언어적 요소

영화는 영상이라는 점에서 다른 매체들과 다르게 뚜렷한 특징을 갖는다. 관객들은 보통 영화의 나오는 인물의 대화를 통해 스토리를 이해하지만, 실제로 영화에서는 언어적 요소 보다 다양한 비언어적인 요소가 관객들에게 영향을 준다.

예를 들어 영화에서 대화는 나오지 않지만 등장인물이 아무도 없는 겨울 바다를 바라보던 중에 잔잔한 음악이 나온다고 하자. 우리는 이 장면을 보면서 자연스럽게 인물이 쓸쓸하다고 생각한다. 사람과 사람이 하는 평범한 대화도 마찬가지도 언어로 의사소통하지만, 그 사람의 눈빛, 표정, 말투를 통해 의사소통을 한다.

영화는 시각적인 매체이기 때문에 언어로만 적혀있는 책이나 사진과는 다르게 다양한 방식의 비언어적인 요소가 사용되고 있다. 영화장면에서 보여지는 모든 시각적인 요소와 영화의 전체적인 분위기를 느끼게 해주는 배경음악, 그밖에 기술에 발전으로 그래픽적인 특수효과 등 영화의 비언어적인 요소는 지금도 계속해서 발전하고 있다.

영화 〈신세계〉는 대화로는 표현하기 힘든 감정들을 돋보이는 영화이다. 때문에 인물들의 내적인 감정인 표현을 표현하기 위해 다양한 비언어적 요소들이 등장하고 있다. 이 글에서는 영화 〈신세계〉에 나오는 카메라, 사운드와 조명, 상징물을 통해 비언어적인 요소가 영화 속에서 가지는 의미와 효과에 대해 해석해보고자 한다.

## 3) 영화 〈신세계〉 소개[1]

영화 〈신세계〉는 감독, 각본의 박훈정 감독의 범죄, 느와르 영화다. 2012년 6월 16일 부터 2012년 9월 14일에 제작 기간을 거쳐 2013년 2월 21일 한국에서 개봉했다. 이정재, 최민식, 황정민 등 충무로에서 굵직한 배우들이 출연해 큰 기대를 모았으면 청소년 관람 불가 등급에도 불구하고 470만이라는 흥행을 달성한 한국에 대표적인 범죄, 느와르 영화다.

영화 〈신세계〉의 줄거리는 다음과 같다.

경찰청 수사 기획과 김 과장은 국내 최대 범죄 조직인 골드문이 세력이 커지자 당시 신입 경찰이었던 이자성에게 잠입 수사를 명령한다. 그후 8년이 지나고, 이자성은 골드문의 2인자이자 그룹에 서열 3위인 정청의 오른팔이 된다. 골드문의 회장(이경영)이 출소 후 의문의 교통사고를 당하고 조직 내 서열정리가 주요 화두로 등장하면서 경찰은 조직 관리에 유리한 인물을 후계자로 만들기 위한 '신세계' 작전을 계획한다. 주도자인 강 과장은 이자성(이정재)과 은밀히 만남을 가지며 골드문을 예의주시하고 이중생활을 그만두겠다는 자성의 부탁에도 자성의 신분노출을 무기삼아 마지막 계획을 전달한다. 한편 정철은 끊임없이 조직내 스파이를 탐색하던 중 누구보다 믿었던 이자성이 경찰이라는 것을 알게 되지만, 다른 스파이들을 잔인하게 숙청하면서도 자성만큼은 비밀에 부치려한다. 골드문의 후계자 선정에 어려움을 겪던 강과장은 유력한 후보인 정청과 이중구를 이간질하여 조직의 와해를 조장하고 이중구는 조직 내 전쟁을 시작한다. 뒤 늦게 정청이 위험에 빠진 사실을 알아챈 자성은 정청을 구하려 하지만 이미 정청은 목숨이 위태로운 상태. 마지막 둘의 독

---

1) 버블슈핑, 한국판 무간도라 불리는 [박훈정 감독의 느와르 영화 신세계] 줄거리 및 결말 요약을 참고하였다.
   https://blog.naver.com/kjkjtmdxor/221373003895 / 2018.11

대에서 정청은 경찰과 조직의 갈림길에서 고민하는 자성에게 오히려 위로의 말을 건네고 끝내 숨을 거둔다. 자성은 자신을 못 미더워하는 강 과장과 경찰무리 대신 정청과의 의리를 택하면서 직접 골드문의 회장이 되겠다 마음을 먹고 정청의 복수를 위해 이중구와 자신의 신분을 알고 있는 고국장(주진모)과 강과장을 제거해 골드문의 회장으로 완벽하게 탈바꿈한다.

## 2. 본론

### 1) 카메라

#### ① 카메라 앵글에 따라 달라지는 의미

카메라 앵글은 피사체를 찍기 위하여 카메라를 피사체를 향해 위치시켰을 때의 촬영 각도를 의미한다. 앵글을 어떻게 설정하느냐에 따라 다양한 쇼트(shot)가 발생하게 되는데, 앵글의 종류에 따라 줄 수 효과는 각각 다르게 나타난다.[2)]

앵글의 종류를 기본적인 특성으로 나누면 정각(standard angle), 양각(low angle), 부감(high angle)으로 나눌 수 있다. 영화 〈신세계〉에서도 앵글의 다양한 활용을 통해서 각각의 의미를 주고 있다. 기본적으로 서열이나 위압감이라는 상징적인 의미를 부여하기 위해 앵글이 활용되고 있다. 최민식(강 과장 役)이 박성웅(이중구 役)에게 영장을 보여주며 체포하는 장면이 나온다. 박성웅은 호텔로 보이는 넓은 공간에서 자신의

---

2) 네이버 지식백과 '앵글' https://terms.naver.com/entry.nhn?docId=349733&cid=42617&categoryId =42617

간부급 부하들과 값비싼 식사를 하고 있는데, 식사 중간에 최민식이 경찰들을 대동하여 식사 자리에 들어오고 영장을 보여주면서 박성웅을 내려다본다.

영화에서 박성웅은 권력이 강하고, 위압감을 주는 캐릭터이다. 자신보다 직책이나 나이가 많은 인물들 앞에서도 밀리지 않고, 최민식과의 첫 만남에서도 오히려 최민식을 내려다본다. 하지만 이 장면에서는 최민식을 앙각으로, 박성웅을 부감으로 화면을 구성한다. 즉, 평소와는 다르게 최민식이 박성웅을 내려다보는 장면을 앵글을 통해 연출함으로써 최민식에게 위압감을 부여하여 상황이 역전되었음을 상징적으로 표현한다.

### ② 카메라 움직임에 따라 달라지는 의미

줌(zoom)이란 초점 거리를 변화시킬 수 있는 줌 렌즈로 촬영하는 것으로, 카메라와 피사체를 동시에 고정시켜 촬영하더라도 피사체 크기를 임의대로 조절할 수 있는 것을 말한다.[3] 앵글이 카메라의 각도를 다양화시키면서 여러 의미적인 상징성을 나타내는 반면, 줌은 피사체와 카메라의 거리를 극적으로 변화시켜 새로운 의미를 만들어낸다. 카메라가 피사체를 향하여 가까이 오는 것을 줌인(zoom-in), 반대로 피사체로부터 멀어지는 것을 줌아웃(zoom-out)이라고 한다.

영화 〈신세계〉에서 줌의 사용은 크게 두 가지로 나눠서 사용된다. 첫 번째는 장면의 자연스러운 전환을 위한 장치로 사용되고, 두 번째는 서사적인 부분에서의 극적인 변화를 표현할 때 쓰이고 있다.

전자의 예시로는 황정민(정청 役)이 감옥에 수감된 박성웅에게 면회를 간 장면에서 최민식과 황정민이 등장하는 축구 경기장 모습으로 전환

---

3) 네이버 지식백과 '줌' https://terms.naver.com/entry.nhn?docId=350078&cid=42617&categoryId=42617

되는 장면이다. 박성웅에게 면회를 갔다가 경기장에서 황정민을 기다리고 있는 최민식을 만나러 가는 흐름이 형성되는데, 이러한 황정민의 공간 이동을 자연스럽게 표현하기 위해서 줌이 사용된다. 황정민과 박성웅이 있던 교도소에서 황정민이 나가고, 나간 황정민을 바라보는 박성웅의 모습에서 줌아웃이 되고, 바로 다음에 축구 경기장에 있는 황정민과 최민식에게 줌인이 되면서, 서로 다른 장면을 자연스럽게 전환시키는 장치로서 역할을 하고 있다. 이를 통해 서로 다른 시간과 공간에서 진행되는 사건이지만, 시청자들은 이질감을 느끼지 않고, 자연스럽게 영화에 몰입할 수 있게 된다.

후자의 예시로는 황정민이 죽을 때, 그 옆에 있던 이정재(이자성 役)가 고개를 카메라가 있는 쪽으로 돌릴 때 줌아웃이 되는 장면이다. 이 장면은 영화 전체적으로 봤을 때 가장 극적인 변화가 나타날 것을 암시하는 장면이다.

황정민은 이정재에게 '독해져야 너가 살아' 라는 말을 남기고 죽는다. 그 이후로 이정재는 경찰과 조직원이라는 두 개의 정체성 사이에서 혼란을 끝내게 되고, 비밀경찰이라는 정체성에서 완전히 벗어나 자신의 원래 신분을 아는, 혹은 자신에게 위협이 될 만한 인물들을 모두 죽이고 골드문의 회장으로 올라서기 위한 계획을 세우게 된다. 경찰이라는 내적 정체성의 혼란을 가지고 있던 이정재가 자신이 믿고 따르던, 그리고 자신을 믿어준 황정민의 죽음을 통해 정체성의 결단을 내리게 된다. 이정재의 얼굴을 중심으로 굳은 표정을 가까이에서 찍고 있던 카메라가 거리가 멀어지면서 이정재의 홀로 남겨진 모습이 전체적인 화면에 담기는 줌아웃을 이용하여 더 이상 다른 사람에게 휘둘리지 않고, 독하게 스스로 문제를 해결해나가야겠다는 비장함을 효과적으로 보여준다.

### ③ 피사체 확대를 통한 의미의 강조

클로즈업 샷(Close-up Shot)은 피사체를 가깝게 촬영하여 화면 가득 포착한 장면을 지칭한다. 앞서 말한 줌과는 달리 클로즈업은 움직임이 아닌 연기의 일부를 확대해 보여주거나, 사물을 확대해 관객에게 제시하는 것이다. 일반적으로 무엇을 '강조'하는 것을 통해 관객을 장면 속으로 끌어들여 극적인 효과를 더하고, 사건의 시각적 명쾌함을 증진시킨다.[4]

영화 〈신세계〉에서 대표적인 클로즈업 샷은 영상 끝부분에 나오는 '이력서'가 구겨지는 장면과, 불태워지는 장면이다.

이정재와 최민식의 첫 만남을 회상하는 장면에서 최민식은 이정재에게 자신과 일을 같이 하자고 말하고 이정재의 경찰 이력서를 찢어 밖으로 던진다. 그 후 장면의 시간대가 현재로 돌아오고 이정재는 자신의 경찰 이력서를 휴지통에 넣어 불에 태운다.

이력서가 구겨져 버려지고, 불태워지는 이 두 장면에서 클로즈업 촬영 기법이 적용이 되었는데, 이는 이력서가 영화 전반적으로 걸쳐서 중요한 사물이라는 것을 1차적으로 보여준다. 그리고 최민식이 이력서를 던지는 장면에서는 처음부터 이정재를 '잠복 경찰'이라는 인격체가 아닌 조직을 자신의 통제 아래에 넣기 위해 사용하는 도구로 이용할 것이라는 의미를 강조하였고, 이력서를 불태우는 장면에서는 이정재에게 남아있던 경찰의 정체성이 완전히 사라지는 것을 의미한다. 따라서 이 장면에서는 클로즈업을 통하여 이력서가 이정재의 정체성과 관련된 중요한 소재라는 것을 시청자들에게 강조하고, 마지막에 이력서를 불태우는 장면에서는 이정재가 정체성 혼란이라는 내적인 고통에서 벗어나 얻는 해방감을 시각적으로 명쾌하게 표현한다.

---

4) 네이버 지식백과 '클로즈업 샷' https://terms.naver.com/entry.nhn?docId=350258&cid=42617&categoryId=42617

## ④ 카메라를 통한 타자화된 시선

3인칭 시점은 영화를 보는 관객들에게 '타자화된 시선'을 부여한다. 단순히 영화를 보는 것이 아니라 영화 속에 타자의 시선과 관객에 시선이 일치화 되면서, 관객을 영화에 더 몰입시키기 위함이다.

영화 〈신세계〉에서는 다양한 시점의 쇼트가 등장하지만 3인칭 시점의 쇼트(shot)가 중심이 되어 영화 속 세상을 묘사하고 이끌어간다. 영화에서는 굳이 등장인물과 관객의 시점을 일치시킬 필요가 없기 때문에 관객에게 등장인물이나 그들의 상황을 알 수 있게 하는 3인칭 시점을 부여한다.

〈신세계〉는 3인칭 시점을 주로 사용한다. 하지만 '신세계'에서 나타나는 3인칭 시점은 다른 영화와는 다른 차이점을 지니고 있다. 가장 큰 차이점은 대화를 하는 모든 인물의 단독 샷에서 상대방의 신체 부위나 다른 물체를 프레임에 걸쳐서 촬영한다는 것이다. 감옥에 있는 박성웅과 최민식이 이야기하는 장면이 나오는데, 두 인물이 번갈아가면서 대화를 이어가는 장면에서 한 사람이 얘기할 때, 말하지 않는 사람의 어깨를 걸치고, 말하는 인물을 카메라에 잡는다. 즉, 박성웅이 얘기할 때 카메라가 최민식의 어깨를 걸치고 박성웅을 촬영한다. 신세계에서는 이 장면뿐만 아니라 대부분 인물의 단독샷의 다른 인물의 모습이 앵글안에 잡혀 나타난다. 이는 단순히 촬영할 때 인물의 뒤에서 촬영하는 의미를 넘어 관객들에게 엿보는 시선을 부여함으로써 관음적인 느낌을 더해 영화를 볼 때 몰입을 상승시키고, 관객 스스로 해석할 수 있는 여지를 만들어준다.

또한 단독 샷이 아닌 상대방의 신체부위가 걸쳐져 있는 불안정한 쇼트를 형성하여 이 영화에서 전반적으로 끌고 가는 불안한 감정을 증폭시키는 장치가 된다.

이처럼 3인칭 시점은 단순히 관객에게 관찰자의 '타자화된 시선'을 부여하여 몰입감을 부여하는 기본적인 역할을 한다. 또한 '신세계'에서 보여준 인물을 걸친 카메라 기법 등은 영화의 전체적인 분위기를 설정하는 효과와 함께 관객이 이 영화를 어떻게 이해하길 바라는 제작자의 의도를 담는 역할을 할 수 있다.

## 2) 사운드

영화 속 사운드는 크게 배경음악[5]과 효과음향[6] 두 가지로 구분할 수 있다. 배경음악은 영화에서 내용에 맞춰 내보내는 음악을 말하는데, 특정한 줄거리의 분위기를 강조하거나 감정을 고조시키기 위해 주로 사용된다. 효과음향은 장면의 현장감과 실감을 더하기 위하여 사용되는 소리이다. 모든 장르에서 사운드가 중요함은 분명하지만, 특히 느와르 장르에서의 사운드는 장면에 대한 몰입과 긴장감 조성에 큰 영향을 준다.

### ① 〈신세계〉만의 분위기를 만들어낸 배경음악

영화 도입부 항구에서의 살인 현장에 메인 배경음을 등장시켜 〈신세계〉 특유의 잔잔함, 잔인함을 극대화하였다. 보통의 살인 현장은 잔혹하고 무참하기 때문에 긴장감을 유발하는 배경음을 사용하는데, 〈신세계〉는 조용한 배경음을 사용하여 살인 현장을 전혀 흔하지 않은 일처럼 덤덤하게 다루었다. 이 후 석 회장의 장례식 장면에서 현악기 소리를 주로 한 배경음을 사용하여 일반 장례식장이 갖는 슬프고 비통한 분위기가

---

5) 네이버 사전 '배경음악' https://ko.dict.naver.com/#/entry/koko/5f1b276530714284bae9e6cf481e2040

6) 네이버 사전 '효과음향' https://ko.dict.naver.com/#/entry/koko/cc9deb6e1cb845018e6258bc5c1c7c86

아닌 조직 내 강한 두 서열인 황정민과 박성웅 사이의 긴장감을 표현하였다.

또한 영화가 끝날 무렵 이정재가 실질적 조직 두목으로 등장하는 장면에서의 배경음 소리는 아주 작게 시작하여 점차 크게 확장시켜 이정재의 조직 내부의 영향력이 점차 확대될 것이라는 의미를 내포한다. 또한 이 장면에서 중요한 점은 배경음과 효과음의 조화다.

### ② 인물의 성격 및 인간관계를 부각시키는 효과음

이정재가 두목의 자리로 올라감과 동시에 최민식, 주진모(고 국장 役)가 살해되면서 이정재를 향한 조직원의 박수 소리가 최민식과 주진모의 죽음과 대비되며 이정재의 시대가 열리고 있음을 암시한다. 이러한 효과음은 인물의 성격, 인물간의 대립 등을 암시하거나 표현하는 방법으로 사용된다.

조직 내 서열 2위 박성웅이 서열 3위 황정민을 위협하기 위해 주차장에서 차량으로 돌진하다 급정거하는 장면에서 타이어 마찰음이 황정민은 물론 관객까지 긴장시키기 충분한 역할을 하였다.

또한 황정민의 무자비한 성격을 나타내기 위해 효과음이 사용된 부분도 있다. 황정민이 조직 내부의 스파이를 검거하여 스파이의 머리를 자르는 소리, 황정민이 엘리베이터 내부에서 박성웅의 조직원들과 칼싸움을 할 때 칼이 피부를 관통하는 소리 등에서 확인할 수 있다. 평소 황정민은 장난기 많고 가벼운 이미지를 유지하지만, 누군가를 살해할 때는 무자비하고 냉정한 사람으로 돌변한다. 이러한 이미지를 표현하기 위한 장치로 효과음을 사용하여 극대화 시키고 있음을 알 수 있다.

### 3) '조명'과 '색감'에 따른 분위기 연출

조명이나 색감은 영화의 분위기를 연출하는 방법 중 하나이다. 밝은 조명을 통해 분위기를 연출하는 장소는 〈신세계〉속 범죄조직 내 두 세력이 싸우는 밝은 주차장이다. 이는 관객에게 밝고 익숙한 장소를 조직, 패싸움과 결부시켜 낯설게 만들었다. 이를 통해 관객들은 밝은 주차장을 공포의 공간으로 재인식하게 된다.

특히 조명에서 주목할 점은 이정재가 경찰과 있을 때와 황정민과 있을 때의 밝기 차에 대한 것이다. 〈신세계〉속 이정재는 경찰과 조직 사이에서 누구의 편에 서야 할지 고뇌하는 인물로 나타난다. 그러나 이미 이정재의 선택은 조명을 통해 영화 초반부부터 범죄조직임을 알 수 있다. 이정재가 경찰과의 접선에서는 대부분 어둡고 더러운 음지에서 만나지만 황정민과 같이 있을 때는 항상 행복해 보이며, 장난도 치고 밝은 분위기 속에서 일하는 모습을 목격할 수 있다. 이를 통해 이정재의 마음은 이미 황정민과 있을 때 편안함을 느끼고 있음을 밝기나 분위기를 통해 파악할 수 있다.

색감의 경우, 〈신세계〉의 도입부인 살인이 발생한 항구의 색은 파란색이다. 파란색은 해가 뜨고 있는 새벽의 색이며 살인의 증거를 없앤 바다의 색이기도 하다. 새벽은 아무도 깨어있지 않는 시간적 의미를 갖기도 하며 이를 이용한 다수의 범죄가 발생하는 시간을 의미한다. 그러므로 〈신세계〉에서 가장 지배적인 색은 파란색이라 할 수 있다.

또한 최민식의 등장은 폐 낚시터에서 이루어지는데, 폐 낚시터는 음침하고 어둡고 더러운 장소이다. 최민식 역시 은밀하고 더러운 인물임을 공간의 어두운 색채를 통해 파악할 수 있다.

황정민이 엘리베이터 속에서 다수의 반대 조직원들과 칼싸움을 하는 장면도 색을 통해 분위기를 연출했다고 할 수 있다. 엘리베이터라는 좁은 공간을 피가 흥건한 살해현장으로 전환시켰고, 대부분의 사람에게 평범한 공간인 엘리베이터를 피를 통한 빨간색을 통해 공포와 잔인한 공간으로 탈바꿈시켰다.

경찰들이 범죄조직을 점령하기 위해 '신세계 프로젝트'를 기획하는 공간은 암전된 상태로 경찰의 얼굴만 조명을 밝히고 있다. 이는 경찰들의 어두운 속마음을 대변하며 그들이 기획하는 프로젝트가 악의적이라는 것을 알 수 있다.

### 4) 상징물

상징물이란 추상적인 개념을 구체적으로 나타낸 물체를 의미한다. 영화에서는 특정한 사물이나 공간이 영화의 전체적인 맥락을 끌어가는 도구가 되거나 주제 자체가 되기도 한다. 때문에 감독들은 관객들이 무심결에 지나칠 수 있는 물건에도 그들만의 방식으로 의미를 부여한다. 〈신세계〉는 이러한 상징물들을 섬세하게 표현한 작품이다. 〈신세계〉에 나온 상징물을 공간과 사물로 나누어 살펴보겠다.

### 4-1) 공간
#### ① 폐 낚시터
폐 낚시터는 최민식과 이정재가 다른 사람들의 눈을 피해서 만나는 접선 장소로 영화에 여러 번 등장한다. 이 장소에서의 대화는 주로 최민식에게 이정재가 불만을 토로하는 것을 위주로 이루어진다.

특이한 점은 폐 낚시터의 썩은 물에 최민식이 실제 실내 낚시를 하는 것처럼 낚시찌를 던져놓고 있는 것인데 물고기가 살 수 없는 물에서 낚시를 하고 있는 최민식의 모습이 결국 자신의 목표인 신세계에 도달하지 못하게 된다는 것을 암시한다.

최민식은 이 폐 낚시터에서 연변 거지에게 칼에 찔려 죽게 되고, 죽어서 물에 떠있는 최민식의 시체는 공교롭게도 낚시찌가 떠있는 곳과 일치한다. 이 장면은 자신이 던진 미끼에 자신이 낚여 죽음을 맞이하게 되는 것을 의미하며, 자신의 목표에 도달하지 못하고 죽는 최민식의 죽음을 더욱 극대화 시킨다.


### ② 경기장 관중석

경기장 관중석은 영화에서 한 번만 나오는 장소로, 황정민이 최민식에게 자신의 조직이자 기업인 '골드문' 의 일은 조직 내부에서 알아서 해결할 일이니 깊게 관여하지 말라고 말하는 장소이다. 이들의 대화는 경기장 관중석에서 진행되는데 이는 최민식에게 우리 회사의 일이니 경찰은 그저 관중처럼 지켜보라는 의미를 내포하고 있다.


### ③ 공사장과 바(bar)

아직 건축이 완공되지 않은 건물 고층에 고급 양주가 배치돼있는 바(bar)가 등장하는데 이 장소는 박성웅과 관련된 장소이다. 주주총회 전에 자신이 회장이 되기 위하여 지분을 조금씩 갖고 있는 사람들을 모아서 자신에게 지분을 넘기라고 협박하는 장소이기도 하며, 마지막에 박성웅이 죽는 장소이기도 하다.

최민식을 상징하는 장소가 폐 낚시터인 것처럼 이 바는 박성웅을 상징한다고 볼 수 있다. 바에는 고급 양주와 고급 가구들이 있지만 고층건물임에도 불구하고 바람이나 비가 올 경우 막아줄 창문도 없고, 고급 양주와 가구가 있는 것을 제외하면 공사판 그 자체이다. 어울리지 않는 것들이 공존하고 있는 것이다.

이러한 어울리지 않는 조합은 결국 회장이 되지 못하고 이정재에 의해서 죽음을 맞이하게 되는 박성웅과 회장직은 어울리지 않는다는 것을 의미한다고 볼 수 있다.

### 4-2) 사물
#### ① 롤렉스 시계
황정민이 이경영의 사망 소식을 듣고 중국에서 들어와서 이정재와 함께 차를 타고 장례식장으로 가는 길에 이정재에게 중국에서 사온 고가의 브랜드 롤렉스 시계 두 개를 선물해 준다. 하지만 이 시계는 가품이며, 이런 것 좀 사오지 말라고 윽박을 지르며 황정민에게 선물을 던진다. 아무리 가품이라도 선물인데 윽박을 지르는 이정재의 태도로 보았을 때 가짜의 삶을 살고 있는 이정재에게는 진짜가 아닌 것에 대한 거부감이 있음을 알 수 있다.

그러나 영화 후반부에서 가짜 시계를 차는 장면이 나오는데 이는 진위여부를 떠나서 황정민의 진실된 마음을 받아들이는 것으로 해석할 수 있다. 즉, 가짜의 삶을 그만두고 다른 사람의 의견에 더 이상 흔들리지 않는 정체성을 확립한 이정재를 대변하는 장면이라고 할 수 있다.

#### ② 두 줄 완장
완장이라는 것은 신분이나 지위를 나타내기 위해 팔에 두르는 표장이다.[7] 장례식에서 이 완장은 한 줄과 두 줄 그리고 없는 경우가 있는데, 줄이 없는 경우는 가까운 인척, 한 줄은 고인의 형제 혹은 방계 가족, 두 줄은 직계 가족을 나타낸다. 이 두 줄 완장은 자신의 두목에 대한 충성도와 애정도를 나타내는 장치로써 영화에 나타난다.

영화 〈신세계〉에서는 이경영(석 회장 役)의 장례식과 황정민의 장례식이 등장한다. 이경영의 장례식을 보면 두목 급의 사람들을 제외하고 두 줄 완장을 차지 않는다. 장례식장 바로 문 앞을 지키는 고위급 조직원들도 두 줄 완장을 차고 있지 않다. 이와 반대로 황정민의 장례식장에서는 장례식장 가까이 가지도 못하고 장례식장 입구에서 주차를 담당하는 말단 조직원들마저도 두 줄 완장을 차고 있다.

이를 통해 위에 언급한 각 두목의 죽음을 받아들이는 조직원들의 충성도와 애정도의 차이를 볼 수 있으며, 황정민에 대한 충성도와 애정도를 통해 황정민이 범죄 조직의 두목이지만 좋은 상사이자 좋은 사람이라는 것을 유추할 수 있다.

### ③ 정장 색상

정장의 색은 이정재를 중점으로 이루어지는 요소이다. 선에서 악으로 즉, 처음에는 경찰로서 존재하는 이정재이지만 영화 후반부로 가면서 최민식과 경찰에 대한 배신감과 황정민의 죽음을 통해 깨닫게 되는 우정을 통하여 골드문이라는 조직 안의 이정재로 변해가면서 정의보다는 욕망을 추구하는 방향으로 변하는 이정재의 심경이 이정재가 입고 있는 정장의 색의 변화를 통해 나타난다.

이정재가 영화에서 처음에 등장하는 장면에서는 밝은 회색의 정장을

---

7) 네이버 사전 '완장' https://ko.dict.naver.com/#/entry/koko/23fea01891264dbcbf93b10f5e373435

입고 있지만, 영화 끝으로 갈수록 정장의 색이 진해진다. 마지막 회장직 자리에 앉아서 담배를 피울 때의 정장 색은 완전한 검정색이다. 이렇게 처음과 매우 상반되는 색의 정장을 나중에 보여줌으로써 주인공의 심경 변화를 명확하게 나타내주는 역할을 하고 있다. 그리고 이러한 것을 극 중 배우들이 입는 옷을 통해 계속해서 노출시키면서 다른 숨겨진 장치들 보다 직관적이고, 명확하게 나타내고 있다.

#### ④ 바둑돌의 색

천성임은 조직에 몰래 잠입한 잠복 경찰이자 이정재의 바둑선생이다. 이정재는 천성임의 집에서 주기적으로 만나 이정재가 조직에서 빼낸 자료를 받고 동시에 바둑을 둔다. 주 목적은 골드문의 자료를 이정재를 통해 받는 것이다. 그러나 바둑을 두는 설정은 상대방의 수를 읽는다는 의미로 해석되므로 천성임은 이정재의 생각을 읽어야 하는 경찰의 대변인 역할도 할 수 있다고 해석된다.

천성임과 이정재가 바둑을 두는 장면에서 주목할 점은 두 사람이 각자 입고 있는 옷의 색과 바둑돌의 색이다. 천성임은 검은 옷을 입고, 흰 바둑돌을 사용하고 있으며 이정재는 이와 반대로 흰 옷을 입고 검은 바둑돌을 사용하고 있다.

바둑돌은 각자가 속해있는 조직을 의미한다. 일반적으로 흰색은 '선' 을 흑색은 '악'을 나타내기에 경찰인 송지효의 바둑돌이 흰색, 원래는 경찰이지만 범죄조직에 속해있는 이정재의 바둑돌이 흑색인 것이다.

하지만 둘이 입고 있는 색의 옷은 반대인데, 먼저 천성임의 옷이 흑색인 이유는 경찰이지만 범죄조직을 조종하기 위해 이정재라는 한 개인을 물건처럼 이용하는 경찰의 악한 모습을 나타내기 위함이며, 이정재의 옷이 흰색인 이유는 범죄조직에 속해있지만 원래 경찰이라는 자신의 정체성을 속이고 살아가는 자신의 삶에서 계속해서 죄책감을 느끼는 이정재의 착한 본성을 나타내기 위함이라고 할 수 있다. 또한 영화에서 표현하고자 하는 주제인 '선과 악의 모호함'을 나타내기도 한다.

## 4-3) 행위

### ① 이력서를 찢는 행위

영화 마지막 장면에 이정재와 최민식이 처음 만났을 때의 장면이 나온다. 경찰차 안에서 뒤에 앉은 최민식과 운전석의 이정재가 대화하고 있는 장면으로, 화교 출신인 이정재를 범죄 조직에 투입시키고자 마음을 먹은 최민식이 이정재에게 일을 같이 하자고 제안하는 장면이기도하다.

최민식이 "너 나랑 일 하나 같이하자"라는 대사를 말하며, 이정재의 이력서를 찢어서 창밖으로 던진다. 이력서를 찢어서 던진다고 이정재의 이력이 사라지는 것은 아니지만, 이 장면을 통해 애초에 최민식은 처음부터 이정재를 다시 경찰로 다시 돌려보낼 생각과 계획이 없었음을 의미한다.

### ② 흡연하는 행위

영화 〈신세계〉의 전체적인 흐름에서 '담배'는 주인공들의 각자 자신이 원하는 신세계, 즉 욕망을 의미한다. 그리고 '죽음'을 의미하기도 한다. 어떻게 보면 담배가 갖고 있는 백해무익한 특성 중 가장 강력한 특성인 두 가지를 의미한다고 할 수 있다.

천성임이 연변 거지들에게 침입을 당한 후 최민식에게 전화 했을 때, 최민식에게 "담배 좀 끊으세요."라는 대사를 하지만 최민식은 담배를 끊지 못한다. 이는 이정재를 도구처럼 계속 이용하여 '골드문'을 조종하려는 최민식의 욕망이 멈추지 않을 것을 암시하며, 그 욕망은 최민식이 죽으면서 끝나게 된다. 최민식이 폐 낚시터에서 연변 거지에 의해 죽기 전에 하고 있던 마지막 행위도 담배를 피우는 것이었다.

박성웅도 죽기 전에 마지막으로 한 행위가 담배를 피우는 것이었다. "누구 있으면 담배 하나만 줘봐라."라는 대사가 자신을 죽이러 이정재의 부하들이 왔음을 눈치 채고, 죽음 직전에 한 대사이다. 즉, 죽음이 자신에게 임박했음을 알지만 끝까지 자신의 욕망을 포기하지 않는 박성웅의 무한한 욕망이 드러나는 장면이라고 할 수 있다.

황정민의 경우 영화의 인물들 중 담배를 피우는 장면이 가장 많이 나온 인물이다. 이러한 장면들을 통해 황정민도 자신이 이루고자 하는 욕망을 놓지 않고, 계속해서 추구했음을 알 수 있고 장면이 많은 만큼 영화의 인물들 중 그 누구보다 욕망이 강했음을 나타낸다. 하지만 결국엔 황정민 또한 죽음에 이르게 되는데, 황정민을 죽음으로 이끈 주차장 전투 장면이 시작하기 직전에 황정민이 했던 행위도 담배를 피우는 행위였다.

흡연 행위는 위 인물들에게도 큰 의미를 갖지만 이정재에게 있어서의 담배는 큰 의미가 있다. 이정재가 담배를 입에 무는 장면이 여러 번 나오지만 피는 장면은 마지막 장면 이전에는 단 한번도 나오지 않는다. 담배를 피기 전까지 이정재는 무언가를 차지하기 위해 욕망하기보다 원래 자신의 경찰이라는 신분을 되찾고 싶은 바람만이 있었다는 것을 알 수 있고, 마지막 회장실에 앉아서 흡연을 하는 장면에서는 황정민의 죽음 이후 경찰의 삶이 아닌 범죄조직 회장의 삶을 선택함으로써 더 이상 바람이 아닌 욕망을 갖게 됐음을 의미한다.

## 3. 결론

영화의 비언어적 요소는 작품의 내용, 의미를 보다 효과적이고 상징적으로 전달하기 용이한 수단으로 이용된다. 감독은 비언어적 요소를 통해 작품의 개성을 부각시키고 관객은 러닝타임동안 영화 속에 존재하는 비언어적 요소를 발견 및 분석하여 작품에 보다 더 깊숙하게 들어가게 된다.

영화 〈신세계〉 역시 수많은 비언어적 요소를 담고 있으며 각각의 요소들이 작품에 유기적으로 연관되어 인물 개개인의 심리묘사, 인물간의 관계, 조직과 경찰 두 집단의 대립분위기 등을 〈신세계〉 특유의 모습으로 연출되었다.

특히, 이정재를 둘러 싼 두 집단의 첨예한 대립의 긴장감과 그 대립 속에서 이정재가 느끼는 혼란에 대한 묘사가 관객들에게 잘 전달되었다. 감독은 두 집단이 가지는 상징성을 사물과 행동, 모습을 통해 대립시키며 또한 이정재 자신의 불안정함 역시 그의 행동, 착용한 의상 등 비언어적 요소를 통해 나타냈다. 그리고 그들의 관계에 사운드와 카메라기법을 활용하여 입체감을 확실히 입혔다고 생각한다.

그러므로 영화감독은 비언어적 요소를 적재적소에 배치하여 작품의 맛을 살리고 관객은 숨어있는 비언어적 요소들을 찾으며 영화에 담긴 의미를 해석하고 받아들여야 한다.

# 우리 가족 맞춤형 광고

홍 예 지

## 1. 서론

텔레비전, 인터넷과 같은 대중매체 속에는 수많은 광고들이 존재한다. 대부분의 시청자들은 광고를 프로그램 중간의 쉬는 시간이라고 생각한다. 그러나 광고를 집중하지 않고 그냥 보고 있는 것 같지만 광고가 우리에게 미치는 영향은 꽤 크다. 구매 욕구를 줌과 동시에 광고에 쓰이는 노래나 말이 하나의 문화로 생성되기도 한다. 2002년, 배우 신구가 출연하여 "니들이 게 맛을 알아?"라는 문장을 사용한 롯데리아 광고는 큰 인기를 얻으면서 유사한 문장이 2013년에 방영한 드라마〈백년의 유산〉, 2003년부터 재능 TV에서 방영한 애니메이션〈네모바지 스폰지밥〉에서도 패러디가 되기도 했다.[1]

시청자들에게 주목받기 위해 실제 광고 전략을 짤 때, 시장을 세분화하고 표적시장을 선정하는 과정을 우선적으로 한다고 한다.[2] 광고 생산자들은 어떤 모델을 쓰고, 어떤 방식으로 홍보할지 등 효과적인 마케팅 방법을 연구한다. 상품 자체가 훌륭해도 광고를 효과적으로 하지 못한다면 높은 수익을 창출하기는 힘들기 때문이다. 이 글에서는 소비자 연령에 따라 각 광고에 나타나는 언어적, 비언어적 요소가 무엇인지를 분석하고자 한다.

---

1) 나무위키, https://namu.wiki/w/%EB%8B%88%EB%93%A4%EC%9D%B4%20%EA%B2%8C%EB%A7%9B%EC%9D%84%20%EC%95%8C%EC%96%B4

2) 송기인(2014), 『커뮤니케이션광고기획방법』, 커뮤니케이션북스, p.72.

물론 남녀노소 구분하지 않는 상품 광고도 있지만 연령, 성별의 경계를 초월해 마음을 사로잡는 상품은 드물다. 핸드폰을 떠올려도 그렇다. 연령대에 따라 핸드폰에서 중요하게 생각하는 우선순위가 다르다. 전문 리서치 기관인 iSuppli에서 연령대별로 핸드폰을 선택할 때에 어떤 점을 중요하게 여기는지에 대해 설문조사를 한 결과, 젊은 층은 디자인 같이 자기 자신을 내보이는 것을, 장년층은 쉽게 쓸 수 있는 실용적인 면을 중요하게 여기는 것으로 나타났다.[3] 그래서 디자인 측면을 강조하는 핸드폰 광고가 있는가하면, 사용하기 쉬운 점을 내세우는 광고가 있는 것이다.

이렇듯 광고를 만들 때 가장 중요한 것은 구체적인 소비자 대상을 선정하는 것이다. 이에 이 글에서는 소비자의 연령을 자녀세대, 부모세대, 조부모세대 이렇게 세 범주로 나눠 각 연령층을 대상으로 하는 광고에서 나타나는 언어적, 비언어적 특징이 무엇인지 파악하고 각 연령대의 소비자에게 끼치는 영향은 어떠한지 살펴볼 것이다.


## 2. 각 세대의 신체적, 정서적 특징

### 1) 자녀세대

자녀세대는 크게 발달 단계에 따라 아동기, 아동기에서 성인기에 이르는 과도기인 청소년기로 나누어 보고자 한다. 먼저, 아동기의 자녀세대는 학교생활을 통해 사회에 적응할 수 있는 기술을 습득하는 발달단계다.[4] 성장과정에 있기 때문에 인지능력이 다소 미흡하고 경제적 개념이

---

3) 미국 전문 리서치 기관, iSuppli corporation, http://www.mobizen.pe.kr/457
4) Naver, 지식백과, https://terms.naver.com/entry.nhn?docId=5677490&cid=62841&categoryId=62841

정립되어 있지 않아, 완벽히 합리적인 소비자라고 보기엔 부족하다. 이들의 능력만으로는 금전을 획득할 능력이 없다. 대부분 부모님께 용돈을 받아 필요한 상품을 사기 때문에 실질적으로 구매할 수 있는 능력이 없다. 이들은 상품 소비자가 되고 부모 등 보호자가 실제 구매자가 된다. 여기에서 소비자가 두 명이라는 문제에 부딪히게 된다. 이 글에서는 구매 전, 상품을 알리고 소비자의 관심을 끄는 '광고 효과'에 초점을 두고 있으므로, 광고에서 언어, 비언어적 요소를 통해 얼마나 아동의 공감을 이끄는 지에 주목하고자 한다.

아동기 자녀세대의 주목을 이끄는 대표적 방법은 만화 주인공처럼 친근한 광고모델을 이용하는 것이다. 만화 주인공의 단순하고 과장된 모습은 시각적 주목효과가 크기 때문에 기억하기 쉽다.[5] 기억에 남아 저장된 것은 물건을 살 때 유도적인 역할을 해준다. 또한 아동과 청소년 대상의 광고내용을 분석한 연구 결과, 성인광고에 비해 거의 2배 이상 청각적, 시각적 효과에 의존하는 것으로 나타났다. 어떤 근거를 제시하고 타당한 근거에 의해 소비자를 설득하는 것보다 짧고 쉬운 설명이 더 효과적인 것이다.[6]

아동기 자녀세대는 성장하면서 교육을 통해 경제적 관념이 생긴다. 하지만 학생신분인 청소년기 자녀세대의 용돈으로 백화점 브랜드의 고가 상품을 사기엔 부담스럽다. 자연스레 저렴한 제품에 관심을 갖는다. 대놓고 백화점 브랜드 상품의 모방품이라고 광고하는 경우도 있고,[7] 그렇지 않은 경우엔 정보화 시대라 몇 번의 검색만 하면 고가 상품의 저렴

5) 이종락(2006), 「애니메이션 캐릭터의 특성이 광고와 브랜드 태도에 미치는 영향에 관한 연구」, 홍익대학교 석사학위논문, p.11.
6) 윤지영(2007), 「방송광고가 아동소비자의 구매행동에 미치는 영향」, 이화여자대학교 석사학위논문, p.20.
7) 국내 화장품 브랜드 '미샤'가 새 제품 광고 마케팅으로 '에스티 로더'의 제품과 비교 품평을 제안했다.

한 버전을 쉽게 알아낼 수 있다. 제품의 차이가 있다고 해도 가격 대비 성능이 좋으면 구매하기도 한다.[8]

청소년기 자녀세대는 유행어를 많이 사용하기 때문에 이를 활용한 광고에서 큰 흥미를 보인다. 광고에서 쓰이는 유행어와 제품이 얼마나 연계성 있게 표현하는지에 따라 신선함과 재미를 느끼는 정도의 차이가 나타난다. 나아가 소속감을 느끼기도 한다. 요즘 청소년들 사이에서 유행하는 단어인 '인싸'와 물건을 의미하는 아이템(Item)이 합쳐진 '인싸템'처럼 기성세대들은 공감하지 못하는 말들이기에 그들은 소속감을 느낀다. '인싸'란 인사이더(Insider)를 세게 발음한 것으로, 각종 행사나 모임에 적극적으로 참여하면서 사람들과 잘 어울려 지내는 사람을 이르는 말이다.[9]

어떤 화장품 혹은 특정 금액 이상 구입 시 연예인 특히 아이돌 브로마이드를 증정한다고 하면 줄을 서면서까지 구매한다. 예를 들어 2017년, 화장품 브랜드 '이니스프리'는 결제금액 기준 1만 원 이상 구매 시 1매의 가수 워너원 브로마이드를 증정하는 이벤트를 했다. 장맛비에도 불구하고 몇 매장에서는 대기 시간이 1시간에 달한 매장도 있었다고 한다.[10] 학생들은 물론 직장인들까지 구매했지만 대부분 아이돌 마케팅 상품의 소비계층은 청소년들이다. 이렇듯 유명인이 등장하는 광고에 아주 큰 관심을 보인다. 해당 연예인을 너무 좋아해서도 있겠지만, 동일한 상품을 사면 광고모델과 같은 효과를 볼 수 있을 거라는 기대감을 가지기 때문에 이런 현상이 나타나는 것으로 보인다.

---

8) 장선미(2013), 「청소년들의 화장품 사용실태 및 구매행동에 관한 연구」, 숙명여자대학교 석사학위논문, p.113.
9) Naver, 국어사전 https://ko.dict.naver.com/#/entry/koko/055b46e02bb5461ea8bc4854f3eb901e
10) 박지은, 〈워너원 브로마이드 배포에 전국 이니스프리 아침부터 '와글와글'〉 2017.07.08.http://www.asiatoday.co.kr/view.php?key=20170708010003682

최근에 이 세대들은 광고 속 음악에 많은 관심이 대두되고 있다. 한창 감수성이 예민할 시기라 감성적인 광고에 혹하기 때문이다.[11] 제품과 잘 어울리고 흔히 말하는 요즘 감성에 적합한 배경 음악을 선정한다면 이목을 끌 수 있다.

## 2) 부모세대

부모세대는 광고 메시지의 진실성, 정확성을 고려하기 때문에 구체적인 설명을 할수록 이들에게 신뢰를 얻을 수 있다.[12] 이 연령대가 홈쇼핑을 선호하는 이유도 여기에 있다. 실제 TV홈쇼핑에서 가장 두터운 고객층을 구성하고 있는 세대는 40-50세대다.[13] 호스트가 빠르고 정확하게 정보를 전달하기 때문이다.

또 자녀세대와 다르게 이성적인 광고를 선호한다. 자녀세대는 정서를 유발시키는 광고에 혹한다면, 부모세대는 주로 정보를 제공해 주는 이성적인 광고를 선호하는 경향을 보인다.

감성적 소구를 이용한 광고 중에서는 가족적인 분위기를 가지고 있는 따뜻한 광고에 관심을 갖는다고 한다.[14]

부모세대는 앞서 언급했듯 진실성과 정확성에 민감하기 때문에 광고 모델 역시 중요하다. 유명한 연예인, 전문가를 배치하는 것은 장점일 수 있지만 무조건 그렇지만도 않다. 만약 그 인물이 갑작스럽게 구설수에

---

11) 김연아(2003), 「소비자 연령별 소구유형에 따른 광고효과」, 중앙대학교 석사학위논문, p.14.
12) 김연아(2003), 「소비자 연령별 소구유형에 따른 광고효과」, 중앙대학교 석사학위논문, pp.14-15.
13) 박현태, 〈홈쇼핑 타깃 고객 연령대, 이제 전방위로〉, 월간 홈쇼핑 7월호, 2017.07.31. http://www.hstoday.co.kr/news/articleView.html?idxno=4993
14) 김연아(2003), 「소비자 연령별 소구유형에 따른 광고효과」, 중앙대학교 석사학위논문, p.15.

오른다면 그 상품 뿐 아니라 해당 회사의 이미지에도 영향을 주기 때문이다.

### 3) 조부모세대

조부모세대는 인지속도가 느려지는 등 생물학적으로 전체적인 감각이 쇠퇴하는 변화를 겪어, 빠르고 색채 대비가 강한 것을 보면 다소 정신없다고 느낀다. 따라서 보다 부드러운 느낌을 선호한다. 위와 같은 신체적, 정신적 변화를 겪기 때문에 광고 메시지가 추상적이고 함축적인 것보다 쉽고 분명하게 내용을 전달하는 것이 효과적이다. 즉, 단순한 언어 사용과 반복적 문구를 통한 접근 방법이 적절하다.

또, 학습력 역시 감퇴하므로 새로운 것에 대한 도전보다 쓰던 상품을 재구매하는 경향이 크다.[15] 이미 조부모세대를 확보한 상품이라면 익숙함을 강조하여 고객을 유지하면 된다. 그 경쟁 시장을 뚫기 위해서는 기존의 것을 이길 수 있을만한 참신성과 용이성을 내세우는 전략이 필요하다.

노인을 대상으로 하는 광고에 젊은이만 모델로 등장시킨다면 사용자가 '나'라는 느낌이 적어 거리감을 느낀다. 고령화 사회로 빠르게 접어들면서 실버산업, 보험, 건강식품 광고가 범람하고 있는 요즘, 직접 노인들이 이용하고 있는 모습을 비춰줌으로써 공감을 이끌어 내는 것이 탁월한 방법이다.

이와 같이 연령별 관심사가 다르고 신체적 특징이 다르기 때문에 가족 다 같이 광고를 봐도 흥미를 느끼는 구성원이 있고, 그렇지 않은 구성

---

15) 김연아(2003), 「소비자 연령별 소구유형에 따른 광고효과」, 중앙대학교 석사학위논문, p.4.

원이 있다. 실제 광고를 분석하며 각 세대마다 어떤 방법으로 공략하고 있는지 알아보자.

## 3. 세대별 광고 분석

### 1) 자녀세대

장난감 '옥스포드 타운' 광고는 2016년 부산 광고대행사 와이컴이 제작[16]한 것으로, 블록 광고이다. 재미있는 애니메이션과 창의력, 인성을 향상시켜주는 어린이 프로그램인 〈생방송 톡! 톡! 보니하니〉[17]의 진행자였던 이수민이 등장한다. 이 프로그램은 2003년부터 현재까지 방영 중이다. 전화연결이나 영상통화 등 실시간으로 의사소통하며 시청자의 눈높이에 맞춰 진행되는 TV프로그램의 방식을 광고에도 활용해[18] 기존 광고와는 다른 차별성을 주었다. 역대 진행자 중 나이가 가장 어렸으나 전문 MC 못지않은 뛰어난 진행 실력으로 화제가 되어 '초통령'이라고 불리기도 한 이수민을 모델로 삼아, 아이들의 관심을 끄는 데 성공하였다.

흰 배경지에 색 대비가 분명한 빨간색, 노란색, 검정색으로 이루어진 로고를 화면의 왼쪽 상단에 배치하여 강조하였다. 특별한 자막 없이 음성언어로 광고를 진행하며 "뿌잉뿌잉", "짱"같은 어린이들 사이에서 많이 쓰이는 단어를 사용하여 친숙함을 주었다. "컨테이너선인데요. 크기부터 카리스마가 짱!", "스쿠터 샵엔 예쁜 색깔 스쿠터가 10대" 등 간단한 문장들로 어떠한 제품들이 있는지 소개한다.

---

16) 종합광고대행사 와이컴. http://ycomm.kr/main/main.php#portfolio
17) EBS 프로그램 소개. http://home.ebs.co.kr/bonihani/infoProgrram
18) 광고대행사 와이컴 블로그. https://blog.naver.com/ycomad/221060266738

실제 제품을 가지고 노는 또래 아이들을 등장시킴으로써 소유욕을 더 불러일으킨다. 트레일러, 중장비 같은 운송수단의 장난감이라 주로 남아들이 관심을 가질 것으로 생각하지만 여아도 등장시켜 남녀 관계없이 가지고 놀 수 있다는 것을 보여준다.

제품을 소개할 때는 반짝이는 시각적 효과와 발랄한 효과음이 등장한다. 다소 현란하지만 새로운 것에 호기심이 강한 아이들에게는 자극적인 것들이 관심을 살 수 있다. 이수민의 풍부한 표정을 보여줌으로써 제품을 기대하게 만든다. 중간에 스쿠터를 소개하며 안전모를 착용하고 나타나는데, 짧은 광고 속에 안전 교육도 놓치지 않고 담았다. 상품 소비자인 어린이와 실제 구매자인 부모의 기호를 고려한 것이다. 가까이에서 장난감을 보여주고 친밀감을 주기 위해 대체로 미디엄 쇼트의 구조로 진행되었다.

화장하는 연령이 점점 더 낮아지면서 청소년들을 대상으로 한 화장품 상품 광고가 급증하였다. '에뛰드 하우스'는 부담스럽지 않은 가격과 접근성이 좋아 특히 10대 사이에서 유명하다. 2018년 2월, 무너짐 걱정 없는 밀착 지속 파운데이션 '더블 래스팅 파운데이션'이 출시되있다.[19] 고가의 상품이 아니면서 위와 같은 좋은 효과를 볼 수 있다는 장점을 내세워 청소년들을 유혹한다. 친숙함을 주는 개그우먼 박나래와 뷰티 크리에이터 이사배가 함께 등장한다. 뷰티 크리에이터란, 동영상 플랫폼인 유튜브에 메이크업과 헤어스타일 등 미용과 관련된 영상을 올려 수익을 창출하는 직업이다.[20] 시공간 제약을 받지 않고 스마트폰만 있으면 볼 수 있다는 점과 쌍방향적 의사소통을 할 수 있다는 강점을 가진 유튜브는

---

19) 에뛰드하우스 공식 홈페이지 참조. https://www.etudehouse.com/kr/ko/product/detail?onlineProdSn=6611

20) 1인 방송과 크리에이터, NAVER 지식백과, https://terms.naver.com/entry.nhn?docId=3543409&cid=42171&categoryId=58478

최근 사람들의 관심이 쏠려있는 상태이다. 특히 이사배는 무려 198만 명의 구독자를 보유한[21] 인물로 지상파 프로그램에도 출연할 정도로 유명하다. 이사배는 전문가와 일반인 경계에 있어 적당한 친숙함과 광고모델-상품 간 연계성이 크기 때문에 전문성도 느낄 수 있다.

'PO무너짐WER', '가즈아', '사배가 왜 거기서 나와?' 이런 유행어를 사용하여 자막을 넣었다. 이 용어를 사용하는 세대들에겐 적당한 재미와 소속감을 유발하면서 다른 세대들도 이해하는 데 큰 어려움이 없다. "무너졌으니까", "지속력" 글씨를 강조하여 이 제품은 지속력에 중점을 둔 제품임을 확인시켰다.

놀고, 운동하며 화장이 무너진 박나래와 완벽한 모습의 이사배가 대립하는 장면을 반복적으로 보여준다. 청소년기 학생들은 오전부터 오후까지 학교에서 시간을 보내고, 체육활동 때문에 지속력이 강한 제품을 찾는 점을 박나래를 통해 보여준 것이다. 박나래의 모습은 화장하는 사람들이라면 많이 가지고 있는 불만을 보여주고 있다. 반대로 피부 화장이 완벽한 이사배가 사용한 제품이 무엇인지 자연스럽게 궁금증을 유발시킨다. 동시에 이 상품을 사용하면 이사배와 같은 효과를 볼 수 있을 거라는 기대감을 준다. 다음 장면으로는 그 둘이 카메라를 의식하지 않고 편하게 대화하는 모습이 연출된다. 딱딱한 분위기가 아닌 친구와 고민상담하는 것 같아 친밀감을 느끼게 된다. 직접 테스트 해본 결과를 클로즈업하여 적나라하게 상품의 효과성을 전달한다. 이런 다양한 구성 덕분에 지루함을 덜 느끼고, 상품에 호기심을 갖게 만든다.

또한 박나래의 표정 변화가 가장 눈에 띈다. 여러 화장품을 쓰며 만족하지 못함을 토로할 때는 일그러진 표정을 보여주지만, 광고 상품을 사

---

21) 동영상 사이트(http:// www.youtube.com) RISABAE(이사배) 채널. www.youtube.com/RISABAE

용할 때에는 내내 웃는 얼굴로 카메라를 주시하고 있다. 만족한다는 직접적인 언급은 없었으나 표정을 통해 잘 나타낸 것이다.

주로 손글씨 형식의 글씨체를 사용하여 친근감을 더해주고 있다.

공통적으로 자녀세대를 대상으로 한 광고에는 제품과 어울리는 신조어, 유행어를 사용해 효과적으로 내용을 전달하고 있다. 이를 통해 그들은 소속감과 재미를 얻는다. 말을 빠르게 하면 많은 정보를 제공할 수 있다는 장점이 있는데, 자녀세대를 대상으로 한 광고에는 다른 세대에 비해 말의 속도가 빠른 편이다. 시각 효과를 극적으로 키우는 효과음 역시 잘 활용하고 있다. 빠르게 전환되는 장면에 가볍고 발랄한 효과음을 적용하여 경쾌함을 선사하고 있다. 모델의 표정이 다른 세대에 비해 풍부하다는 것 역시 비슷하다. 감성적 소구에 예민한 이들은 광고 모델의 얼굴표정을 통해 정서를 느끼고, 공감을 한다.[22] 장황한 설명 대신 이러한 비언어적 특징이 이들에게는 더 효과적인 것이다.

## 2) 부모세대

2018년 10월에 KT 인공지능 TV '기가지니'와 롯데슈퍼의 '인공지능 장보기 서비스'가 런칭되었다.[23] 최근 손을 이용하지 않고 음성을 통해 편리하게 기기를 관리하고 제어할 수 있는 기능이 있는 인공지능 스피커가 이슈가 되었다. 여기에 상품을 주문하고 당일 배송까지 해주는 장보기 서비스가 결합된 상품이 출시되었다. 이는 사회생활과 동시에 살림을 하느라 바쁜 부모세대를 대상으로 삼았다. 이성적인 정보 제공

---

22) 묘홍련(2012), 「광고모델의 감성적 표정이 갖는 설득효과」, 경희대학교 석사학위논문, p.23.
23) KT 공식 홈페이지 https://smartblog.kt.com/6667

과 가족적인 분위기의 감성적 소구를 적절하게 이용한 광고로, 특징을 살펴보자.

이유식 재료를 사러 나가는 남편에게 아내는 어디 가냐며 "지니야."하고 인공지능 스피커를 부른다. 낯선 상황이지만 마치 사람을 부르는 것 같아 익숙한 느낌을 준다. 사용해본 아내가 남편에게 알려주는 방식으로 구성하여 특별히 자막을 사용하지도 않았고, 제 3의 인물의 개입되지 않았다. 어려운 용어 사용 없이 일상적인 대화를 통해 광고되기 때문에 이용방법이 손쉽다는 것을 충분히 보여주었다.

오늘 배송된다는 문구를 붉은색으로 연출하여 빠르게 받아볼 수 있다는 점을 어필하고, 초인종 소리와 함께 "롯데슈퍼 당일 배송입니다."하고 광고가 마무리 된다. 진실성을 중시하는 부모세대에게 설명과 일치함을 보여주어 신뢰도를 높였다.

"말로 주문하고 눈으로 확인하는 기가지니". "육아로 바쁜 부부에게 육아의 기술"이라는 간단명료하지만 확실한 메시지를 담고 있는 자막을 통해 상품의 기능을 알리고 특정 대상을 강조하여 이들에게 유용하다는 점을 나타내고 있다.

해맑은 아이가 등장하고 그 뒤에는 육아와 집안일을 하느라 정신없는 부모의 모습으로 광고가 시작한다. 어린 아이가 있는 집은 대개 깔끔한 집안 상태를 유지할 수 없다. 광고에서도 다소 헝클어진 집안 상태를 보여주어 현실성과 친밀감을 부여하였다. 가족 구성원 모두 일반인을 모델로 하여 우리 집 같은 자연스러움을 준다. 언어적 특징을 통해 신뢰감과 제품 사용 시 유익함을 보여주고, 이러한 비언어적 요소를 통해 부모세대 소비자의 감성을 자극하였다.

부모세대는 정확성 역시 중요하게 보기 때문에, 상품을 클로즈업하여 관객의 시선을 집중시키고 사용방법을 보여줄 때에도 이 기법을 사용하여 대상의 상세한 정보를 전달했다.

### 3) 조부모세대

조부모세대는 노년기로, 심신의 활동이 쇠퇴하기 시작하기 때문에[24] 건강에 많은 관심을 보인다. 피로, 육체피로, 신경통에 효과적인 활성비타민 피로회복제로 유명한 아로나민 골드[25]의 2018년 광고를 들여다보고자 한다.

깔끔한 옷차림을 한 인물들이 등장하여 정돈된 느낌을 준다. 이들 모두 해당 상품을 들고 약국에서 나온다. 따로 의사의 처방전 없이 구매할 수 있다는 편리함을 보여주고 있다. 반면 그렇기 때문에 믿고 먹어도 되는 것인지 불안하고 효과성에 대한 의문이 생기기도 한다. "많이들 먹는 거래요.", "괜히 1등하겠어?", "아로나민 아로나민 하는 덴 이유가 있죠."라는 음성언어와 "2년 연속 일반 약 판매1위", "4년 연속 브랜드 파워1위", "55년 동안 사랑받는 약", "대한민국 일반의약품 판매1위"라는 문자언어로 브랜드가 가진 힘과 인증된 제품력을 보여줌으로써 시청자의 우려를 잠재웠다. 추상적인 표현보다는 분명한 내용을 전달하고 있다.

숫자 1을 다른 글자에 비해 크게 하고, 어떤 매체에서 통계된 것인지는 작게 하였다. 정보의 중요도에 따라 글자의 크기를 다르게 한 것을 확인할 수 있다. 작지만 구체적인 내용을 사용하여 신뢰감을 주었다.

---

24) Naver, 지식백과, https://terms.naver.com/entry.nhn?docId=1943700&cid=41989&categoryId=41989

25) 일동제약 공식 홈페이지 https://www.ildong.com/kor/tvPromote/product/aronamin/list.id

또, 글씨의 색을 다르게 한 것도 볼 수 있다. 강조하고자 하는 내용은 제품의 색과 같은 노란색으로 처리하여 일체감을 주었다.

조부모세대의 광고에는 자녀세대나 부모세대 광고보다 문자언어의 사용이 많다. 언급했듯이 감각이 쇠퇴하며 청각 기능도 떨어지는 노인들에게는 시각적으로 정보 전달하는 것이 효과적이다.

실제 인물을 통해서 제품의 효과성을 보여줄 수 있는 데에는 한계가 있어, 컴퓨터 그래픽을 이용한 인물이 등장한다. 이는 색 변화를 하며 활기차게 일어나는 행동을 보인다. 건강의 적신호, 상태가 안 좋음을 상징하는 붉은색에서 생기 있어 보이는 파란색으로 변한다. 색채와 행동을 통해 이 약을 복용하면 이만큼 몸에 활력이 돈다는 것을 보여주고 있다.

마지막에 영화배우 조우진이 등장해 카메라를 응시하며 "드신 날과 안 드신 날의 차이. 경험해보세요."라고 확신에 찬 어투로 말한다. 마치 자신이 경험하고 효과성이 좋다는 것을 보장하는 느낌을 준다. 천천히 말함으로써 조부모세대들이 알아듣기 쉽도록 하였다. 특히 이 메시지는 기존 광고에서도 사용한 것으로 일관성을 살렸다. 등장하는 배우는 주연급은 아니지만 훌륭한 연기력과 독특한 개성을 가져 주목을 받고 있다. 그만큼 대중성을 지녔고, 여러 작품에 꾸준히 얼굴을 비추어 익숙함을 느낄 수 있다. 일반인과 연예인을 적절히 섞어 안정감을 주고 있다. 장면 전환이 급하지 않고 보다 전반적으로 부드러운 느낌의 광고가 진행된다.

이 광고에서는 자막이 다른 세대에 비해 많은 편이다. 가독성이 좋은 반듯한 글씨체를 적용하여 이 상품을 소비하는 조부모세대들이 읽기 쉽게 한 것이다.

## 4. 분석결과

### 1) 자녀세대

자녀세대는 시각 효과에 집중한다. 아동기의 경우엔 만화 주인공을 사용하거나 다채로운 화면 구성에 현혹된다. 청소년기는 유명인을 광고 모델로 삼아 그들의 유행에 따르는 모습을 볼 수 있다. 공통적으로 청각적, 시각적 효과에 의존하는 것을 확인할 수 있었다. 다른 세대에 비해 빠른 말의 속도, 적절한 효과음을 사용하여 광고 효과를 키웠다. 광고모델과 본인을 동일시하는 경향이 있어 광고모델의 중요성을 알 수 있다.

유행어를 자주 사용하는데, 한글 파괴의 우려도 있기 때문에 적당한 수준을 지키는 것이 쟁점이 된다. 정상적인 언어를 배우기도 전에 부정적이고 비정상적인 언어를 먼저 습득하면 올바르지 못한 사회적 문화를 형성하게 된다. 과도한 줄임말 사용, 무분별한 신조어 개발을 규제할 필요가 있다.

비언어적 요소 중 광고 모델을 통한 시각적 효과 측면을 살펴보면, 자녀세대는 주로 역동적이고 부모, 조부모세대는 보다 정적이다. 큰 몸짓과 다양한 표정변화 같은 방식은 신선함을 주고 호기심을 자극하기 좋다. 아동기 자녀세대를 대상으로 한 '옥스퍼드 타운' 광고에서 이수민 역시 그러한 모습을 보인다.

## 2) 부모세대와 조부모세대

나이가 들수록 구매 상품에 실패하지 않기 위해 살피는 조건들이 늘어난다. 정확성과 진실성, 안정성과 안정감을 중시한다. 그들을 설득할 수 있을만한 언어적 요소와 그와 대응하는 비언어적 요소들을 통해 구매력을 높인다.

보편적인 언어를 사용하여 쉽게 알아들을 수 있도록 하는 경향이 보인다. 조부모세대를 대상으로 한 '아로나민 골드' 광고에서 쓰인 것처럼 과거 유행했던 문장을 활용하여 그들만이 느낄 수 있는 친근감을 형성하는 것도 효과적인 방법이다.

이 두 세대에서 쓰이는 보다 단조로운 방식은 전반적으로 안정감과 편안함을 준다. 화면 구도를 넓게 잡고, 광고 모델의 표정 변화도 온화함을 유지하는 편이다. 거기에서 부모, 조부모세대는 매력을 느낀다. 만약 시시각각 변하는 화면 구도로 다가간다면 이들은 산만하다고 느낄 것이다. 반대로 잔잔한 기법으로 자녀세대를 공략한다면 안정감보다 지루함을 느끼게 된다. 목표 대상의 정서에 알맞은 촬영 방식이 중요하다.

청소년기 자녀세대, 부모세대, 조부모세대를 대상으로 한 광고에서 보이는 광고 모델의 말을 그대로 자막으로 표시하는 것은 단순히 말소리의 재확인 기능이다. 나아가 추가 정보를 제공하기도 한다. '에뛰드하우스' 광고에서 〈파데의 능력은 지속력〉, 실제 이사배가 화장품을 바르는 장면에서는 〈이사배가 직접 더블 래스팅 파운데이션을 바르고 실험했습니다.〉, '아로나민 골드'에서 지속적으로 보여주는 각 부문의 1위 등이 그러한 역할을 한 것이다. 이는 이해력에 도움을 주고, 몰입도를 높일 뿐 아니라 기억력에도 큰 영향을 끼친다. 하지만 음성언어를 전부 자막화하지 않고 전달하고자 하는 핵심을 문자언어로 전달한다. 예시로 가져온 부모세대의 광고에서는 연예인 등 유명인이 등장하지 않고, 편안한 가정을 배경으로 하였기에 말소리 재확인 기능의 자막이 쓰이지 않았다.


## 5. 결론

각 소비자 연령이 가진 정서적, 신체적 특징이 다르기 때문에 나타나는 언어적, 비언어적 요소가 다른 점을 살펴보았다. 각 광고에 나타나는 정보 전달 방식은 다르다. 어떠한 방식으로 광고를 기획하느냐에 따라 소비자의 주목을 끄는 데 성공하고, 구매까지 이어지게 할 수 있는지 고려해야 한다.

# 왜 '토레타' TV 광고가 한국과 일본에서 다르게 제작될까?

신 재 원

## 1. 서론

광고란 소비자에게 대중매체를 통해 의미체계를 전달하는 것으로, 소비자에게 상품에 대한 정보를 보다 매력적으로 전달하기 위해 다양한 의미와 이미지를 창출한다. 광고는 광고 대상의 라이프 스타일, 선호도, 광고 대상이 향유하는 문화에 대한 철저한 분석을 토대로 트랜드를 선도하기 위해 기획되는 커뮤니케이션 전략이다.

오늘날은 교통과 통신의 발달에 따라 글로벌 시장이 형성되었고, 많은 기업들이 글로벌 기업으로의 성장을 추진하면서 '글로벌 광고'가 마케팅활동에 있어서 필수불가결한 요소로 부각되고 있다.[1] 따라서 성공적인 광고 효과 창출을 위해서 각 나라의 사회·문화적 특성에 대한 연구의 중요성이 대두되고 있는 것이다.

본 연구의 분석대상은 글로벌 기업 '코카콜라사'의 이온음료 제품인 '토레타' 광고이다. '토레타'는 한국과 일본 양국에서 판매되는 제품임에도 문화적 차이에 의해 양국에서의 광고커뮤니케이션 요소가 다르게 나타난다. 한국 '토레타' 광고는 2017년 제작된 36초 길이의 광고[2]를, 일본 '토레타' 광고는 2015년 제작된 15초 길이의 광고[3]를 대상으로 한

---

1) 윤희일, 신문광고 크리에이티브 요소의 한·일 비교 연구, 한남대학교 박사학위논문, 2007, 1쪽.

2) "토레타! By Aquarius – 박보영", 코카콜라, https://youtu.be/TiKjZ6vQZIU, 2017.

3) "toreta", 코카콜라, https://youtu.be/IylUyQNKptE, 2015.

다. 두 나라의 '토레타' TV 광고의 언어 및 비언어적 특성을 분석하고 그러한 특성과 관련된 한국과 일본의 문화적 특성을 유추하여 결론을 도출하고자 한다. 나아가 광고 소비자에 따라 수립되는 커뮤니케이션 전략이 변화해야함의 타당성을 밝히고 기업의 광고 전략 수립에 있어서 시사점을 제시하고자 한다.

## 2. 본론

### 1) 광고의 언어 · 비언어 요소

TV 광고의 경우 언어적 요소는 자막, 슬로건, 대사, 상표명 등이 해당된다. 자막은 인물, 상황, 발화, 제품명 등을 문자로 표시한 것을 의미하며, 슬로건이란 브랜드가 전달하고자하는 메시지와 가치를 사람들에게 쉽고 효과적으로 이해시켜주는 수단으로 핵심을 명확히 표출할 수 있는 간결하고 압축된 문구[4]를 말한다. 대사는 인물에 의한 것으로 소리를 내어 말을 하는 현실적인 언어 행위인 발화를 말하며, 상표명이란 특정한 제품 및 서비스를 식별하는데 사용되는 명칭을 뜻하며 이때 상표명과 기호, 디자인의 총칭을 브랜드라고 정의[5]한다.

비언어적 요소는 문화의 심미적 요소에 반영되며 심미적 가치는 디자인, 스타일, 색채, 표정, 톤, 동작, 정서, 특유한 몸짓 등으로 표현되는데, 다른 문화 사이에서 큰 감각의 차이를 보일 수 있으며 그 차이는 상품의

---

4) 최홍락, 국내 도시브랜드 슬로건의 경향과 개발, 한국콘텐츠학회논문지 Vol.7 No.8, 2007, 175쪽.
5) "브랜드", 두산백과, https://terms.naver.com/entry.nhn?docId=1105337&cid=40942&categoryId=31915, 2018.11.16.

디자인과 광고에 큰 영향을 미친다[6]. 그러므로 TV 광고에서 비언어적 요소란 그림과 색채와 같은 조형요소가 어우러져 전달되는 전체적인 이미지나 분위기인 톤[7]과 몸짓, 영상 길이 등이 해당된다.

## 2) 한국 '토레타' 광고의 언어 · 비언어 특성 분석

한국의 '토레타' TV 광고의 경우 여자 배우 박보영을 모델로 기용하였다. 광고는 박보영이 '토레타'를 잡으며 '열 가지 과채의 착한 수분, '토레타''라는 나레이션과 함께 등장하는 것으로 시작된다. 이어 공원의 넓은 잔디밭에서 박보영이 '토레타'를 마시는 모습을 보여주며, '목마를 때 '토레타'', '수분 충전에 '토레타'', '니가 있어 좋타[8]', ''토레타'가 좋타', '싱그러움 퐁당 빠져있는 '토레타''라는 자막이 등장한다. 그 후 과일과 채소들이 캐릭터화 되어 박보영 주위를 떠다니다가 박보영이 들고 있는 '토레타' 병속으로 들어가는 모습과 함께 '10가지 과채의 착한 수분! 좋다, 맛있다 '토레타'!'라는 박보영의 대사로 광고가 끝난다.

광고 속에서 언어적 요소는 박보영의 대사와 자막이 해당될 것이다. 대사와 자막은 '토레타'가 과채의 수분으로 만들어져 수분 충전에 좋다'라는 정보를 반복적으로 제시하고 있다. 따라서 한국의 '토레타' 광고 속 언어적 요소의 특성은 제품이 소비자에게 줄 수 있는 수분이라는 효용성을 강조하고 있다는 점과, '~타'로 끝나는 음절의 반복이 이루어지

---

6) 정은아, 국제광고에 있어서 문화의 중요성과 한 · 일 국제광고의 표현특성에 관한 연구 : 화장품 잡지광고를 중심으로, 이화여자대학교 석사학위논문, 2000, 21쪽.

7) 오금란, 광고크리에이티브에 있어서 톤과 매너(tone & manner)의 연구 : 화장품 잡지광고를 중심으로 한 톤과 매너의 효과를 중심으로, 홍익대학교 석사학위논문, 2003, 1쪽.

8) '니가 있어 좋다'가 옳은 표현이나, 광고 속 모든 자막의 끝이 '~타'로 끝나도록 반복하기 위해서 '좋타'로 제작된 것으로 보인다. 자막의 반복 역시 중요한 특성이기 때문에 광고 속 자막 그대로 '니가 있어 좋타'로 작성하였다.

고 있다는 점이라고 할 수 있다. 음절의 반복은 운율을 형성하고 의미를 강조하는 효과가 있다.

또한 비언어적 요소로는 먼저, 공원 이미지 속에서 박보영이 '토레타'를 마신 뒤 음료로 인한 갈증해소를 표현하는 소리인 '캬~'라고 말하는 듯한 몸짓을 하는 점을 꼽을 수 있다. 이때 갈증 해소로 인한 시원함과 상쾌함을 표현하는 박보영의 몸짓과 동시에, 귀여운 캐릭터로 표현된 과일과 채소 캐릭터들이 '토레타' 주위 물방울들과 함께 하늘로 퍼져나간다.

따라서 한국 '토레타' 광고의 비언어적 특성은 언어적 요소와 어우러져 갈증해소 효과를 이미지화하고 있으며, 과채 캐릭터들이 '토레타' 음료로 들어가는 모습에서 알 수 있듯이 귀엽고 통통 튀는 분위기로 '과채의 수분이 함유되었기에 성분이 순수하다.'는 점을 전달하고 있다고 볼 수 있다.

### 3) 일본 '토레타' 광고의 언어 · 비언어 특성 분석

일본 '토레타' 광고는 소메타니 쇼타라는 일본의 남자 배우를 대표모델로 기용하였다. 광고 시작과 동시에 모델의 얼굴이 클로즈업된 화면에서 모델의 얼굴 앞으로 "산지를 알게 되면 좀 더 맛있다!"라는 자막이 화면을 꽉 채운다.

이어서 후지산과 녹색 잔디가 깔린 푸른 자연을 배경이 등장하는데, 이때 소메타니 쇼타 뒤로 14명의 사람이 등장한다. 총 15명의 사람들은 동일하게 밀짚모자를 쓴 채로 셔츠에 멜빵바지를 입고, '히로시마현산 레몬', '나가노현산 사과' 등 원산지가 붙어있는 커다란 과채 인형을 껴

안은 상태에서 같은 춤을 춘다. 이때 춤은 어깨춤과 발 굴리기 같은 율동으로 구성되어 귀여움과 웃음을 자아낸다. 동시에 15명의 사람들은 "どこで取れた[9](어디서 가져왔나)?"라는 대사를 반복적으로 노래한다. 그 뒤 사람들이 들고 있던 과채 인형들이 하늘로 날아가서 '토레타' 병에 들어가는 모습과 함께 "좋은 '토레타', 맛있는 '토레타'"라는 자막이 등장하고, 마지막으로 원경의 자연을 배경으로 제품명이 큰 자막으로 처리되며 광고가 끝난다.

언어적 요소는 "산지를 알게 되면 좀 더 맛있다!", "좋은 '토레타', 맛있는 '토레타'"라는 자막과, 과채 인형에 붙어있는 '히로시마현산 레몬', '나가노현산 사과'라는 글이 적혀진 스티커, "어디서 가져왔나"라는 사람들의 반복적인 대사이다. 이는 일본 각 지방에서 공수해온 과일, 야채의 성분을 섞었다는 점을 강조하고 있는 것이다.

또한 언어유희를 사용하는 특성을 발견할 수 있다. 광고는 "どこで取れた(어디서 가져왔나)?"라는 대사를 반복적으로 활용하고 있는데, 이 대사 속 "取れた[10]" 부분이 제품명인 'とれた[11]'와 발음이 같다. 이는 "どこで取れた(어디서 가져왔나)?"라는 대사가 자막이 없이 전해지는 '도코데 '토레타''라는 발화이기 때문에 생기는 언어유희이다. 일본의 시청자들은 '도코데 '토레타''라는 대사를 들을 경우 "どこで取れた(어디서 가져왔나)?"라는 뜻과 "どこでとれた(어떤 곳에서의 '토레타')"라는 의미 두 가지를 모두 떠올리게 된다. 즉 동음이의어를 활용한 언어유희인 것이다.

---

9) 언어유희적 특성을 설명하는 데에 있어, 광고대사의 발음이 '도코데 토레타'인 점이 중요한 요소이기 때문에 일본어를 병기하였다.

10) '토레타'라고 발음하며, '가져올 수 있었다, 취할 수 있었다'라는 뜻의 동사이다.

11) '토레타'라고 발음하며, 제품명이기에 11)과 달리 명사이다.

비언어적 요소는 먼저 대표모델인 소메타니 쇼타를 비롯한 15명의 사람들이 같은 율동을 추는 몸짓이 있다. 사람들이 같은 춤을 추며 멜빵바지와 밀짚모자라는 동일한 복장이라는 점은 획일성이 있는 스타일을 의미한다. 15명의 사람들이 언어유희를 담은 "どこで取れた(어디서 가져왔나)?"라는 대사를 반복하면서 발굴리기, 어깨춤추기와 같은 율동을 한다는 점에서 광고시청자의 웃음을 자아내고자하는 정서적 특성 또한 찾을 수 있다.

더불어 후지산과 녹색 잔디를 배경으로 하는 것은 자연친화적인 이미지를 표현해내는 것이며, 과채들이 인형으로 표현된 점은 한국 '토레타' 광고의 비언어적 특성과 같이 귀여운 분위기를 형성하는 요소이다.

## 4) 한국과 일본의 해당 제품 광고의 언어 · 비언어 특성 비교 · 분석

언어적 특성을 살펴보면 한국의 '토레타' 광고는 갈증 해소라는 효용성과 '토레타'의 성분이 과채의 수분임을 강조하고 있다. '토레타'의 성분이 과채의 수분임을 강조하고 있는 점은 일본 '토레타' 광고도 동일하지만, 일본 '토레타' 광고에서는 제품의 효용성보다는 과채들의 생산지를 강조하고 있다는 차이가 있다. 특히 과채인형에 붙어있던 '히로시마현산 레몬', '나가노현산 사과'라는 요소와, 'とれた'와 '取れた'라는 동음이의어를 활용하여 시청자들이 'どこで取れた[12]'라는 대사를 듣고 'どこでとれた[13]'라고 이해하도록 의도적으로 자막이 아닌 발화로 표현한 점을 통해서 일본 자국 생산지에 대해 강조하고 있음을 알 수 있다.

---

12) どこで取れた, 발음은 '도코데 '토레타'', '어디서 가져올 수 있었나'라는 의미이다.
13) どこでとれた, 발음은 '도코데 '토레타'', '어떤 곳에서의 '토레타''라는 의미이다.

비언어적 특성을 비교하면, 두 광고 모두 과채 캐릭터를 한국은 일러스트로, 일본은 큰 인형 모양으로 귀엽게 표현했다는 공통점을 가진다. 그러나 일본 광고에서는 남녀노소를 가리지 않는 다수의 사람들의 통일성을 보여주었으나, 한국 광고에서는 모델인 박보영이 제품을 마시는 모습만을 보여준다는 차이가 있다. 또한 일본 광고가 한국 '토레타' 광고에서는 찾을 수 없는 웃음 요소를 포함하고 있다는 차이도 존재한다.

## 5) 한국과 일본의 광고 차이로 유추할 수 있는 문화 특성

제품 홍보라는 동일한 목적으로 진행한 동일 제품의 광고임에도 불구하고 일본과 한국의 광고에서는 공통점과 차이점이 발견된다. 본 연구에서는 그 이유를 사회 · 문화적 관점에서 살펴보겠다.

우선 일본 '토레타' 광고가 웃음 요소를 포함하여 제작되었다는 점은, 한국보다 일본의 문화에서 오락전략을 선호하기 때문이다. 한국과 일본 신문 광고의 크리에이티브 전략에 대한 비교결과를 살펴보면 정보전략[4], 논쟁전략[15], 이미지전략[16], 감정전략[17], 오락전략[18] 등 5가지 크리에이티브 전략[19] 가운데 한국과 일본의 신문광고 사이에 통계적으로 유의한 차이가 존재한 것은 이미지전략과 오락전략 등 2가지 전략이었으며, 이미지전략과 오락전략은 모두 일본의 신문광고에서 보다 선호

---

14) 어떤 사실과 관련된 정보를 직접적으로 진술하거나 특정의 주장을 펼치는 전략이다.
15) 판매약속을 개발하기 위한 논리(logic)를 주로 사용하는 전략이다.
16) 제품과 관련된 새로운 라이프스타일 등을 제시함으로써 브랜드와 관련된 연상(Association)을 유도하는 전략이다.
17) 소비자가 갖고 있는 기본적인 감정에 호소하는 전략이다.
18) 오락적이고 흥미로운 메시지를 제시함으로써 주의를 끌고자 하는 전략이다.
19) 조재현, "TV광고의 정보단서와 크리에이티브 전략", 중앙대학교 박사학위논문, 1995, 137~162쪽.

되는 크리에이티브 전략[20)]인 것으로 나타난다.

두 번째로 한국 '토레타' 광고에서는 '시원해요 '토레타'', '착한 수분 '토레타'', '목말라도 괜찮아 '토레타''와 같이 한국 광고의 특성인 CM송에서의 언어 반복사용[21)]이 나타났다. 반복되는 언어를 사용하여 제품의 효용성을 직접적으로 전달한 것이다.

일본 '토레타' 광고에서도 ' どこで取れた' 라는 대사의 반복이 이루어지지만, 효용성을 직접 전달하는 한국 광고와 달리, 일본 '토레타' 광고에서는 동음이의어를 활용한 언어유희를 통해 시청자들이 "どこでとれた(어떤 곳에서의 '토레타')"라는 뜻을 알아챌 수 있도록 표현하였다.

또한 일본 광고가 '토레타'의 원산지를 강조한 것과 달리, 한국 광고에서는 원산지에 대한 표현이 전혀 드러나지 않는다.

세 번째로 두 나라의 광고 모두 자연 풍경이 표현된 배경이 등장한다는 공통점을 찾을 수 있다. 이는 과채의 수분을 담은 이온음료라는 제품의 특성에 '자연' 이라는 이미지가 양국의 문화에서 동일하게 어울리기 때문이다.


## 3. 결론

본 연구는 한국과 일본에서 판매되는 '토레타' 음료의 TV 광고에 사용된 언어 및 비언어적 요소의 공통점과 차이점을 한국과 일본 양국의 문화적 차이에 기인한 것으로 보았다.

---

20) 윤희일, 신문광고 크리에이티브 요소의 한·일 비교 연구, 한남대학교 박사학위논문, 2007, 36쪽.
21) 정은아, 국제광고에 있어서 문화의 중요성과 한·일 국제광고의 표현특성에 관한 연구 : 화장품 잡지광고를 중심으로, 이화여자대학교 석사학위논문, 2000, 37쪽.

일본과 한국 모두 언어의 반복이 발생한다고 할지라도, 한국 광고에서는 반복적 어구를 활용하고 제품의 효용성을 강조하는 경향, 일본 광고에서는 언어의 반복을 상호감정의 연결을 위해 종종 언어유희로써 사용하며[22] 광고에서 주제를 웃음으로 넘기려는 일본인들의 경향이 나타남을 알 수 있었다.

이와 같이 문화에 따라 광고에 나타나는 특성이 다르기 때문에 글로벌 시장에서의 성공을 위한 전략적인 언어 및 비언어적 요소의 사용은 중요하다. 글로벌 시장에 도약하기 위한 기업은 각국의 문화적 차이와 이에 따른 언어 및 비언어적 요소의 차이를 세심하게 고려해야할 것이다.

---

22) 정은아, 국제광고에 있어서 문화의 중요성과 한·일 국제광고의 표현특성에 관한 연구 : 화장품 잡지광고를 중심으로, 이화여자대학교 석사학위논문, 2000, 37쪽.

# 베트남 TV 광고의 특성
## - VINAMILK의 'SURE PREVENT 분유'를 중심으로

## QUẢNG CÁO SỮA VINAMILK SURE PREVENT

레 전 디엠 프엉  Lê Trần Diễm Phương

Trong bài phân tích này, chúng tôi đã tiến hành tìm hiểu và phân tích yếu tố ngôn từ và phi ngôn từ được xây dựng trong quảng cáo sữa Vinamilk Sure Prevent phát sóng trên truyền hình vào năm 2015.

Kết quả phân tích cho thấy, thông qua các yếu tố ngôn từ và phi ngôn từ trong quảng cáo, Vinamilk đã truyền đạt thông tin sản phẩm đến người tiêu dùng một cách đầy đủ và hiệu quả, phù hợp với mục tiêu chiến lược quảng bá của công ty. Không giống như các quảng cáo sản phẩm dành cho trẻ em với hình ảnh hoạt hình hóa còn bò sữa vui nhộn và lời bài hát nhí nhảnh. Quảng cáo sữa Vinamilk Sure Prevent-sản phẩm sữa dành cho các thế hệ ông bà, bố mẹ, những người lớn tuổi, Vinamilk xây dựng nội dung quảng cáo nhẹ nhàng, nội dung chủ yếu hướng tới gia đình mang ý nghĩ sâu sắc, đồng thời cung cấp các thông tin khoa học chuẩn xác để truyền tải đến đối tượng tiêu dùng phù hợp. Nội dung văn bản quảng cáo hay các yếu tố âm nhạc, hình ảnh trong quảng cáo của Vinamilk luôn lấy đối tượng tiêu dùng làm chủ, từ đó xây dựng các quảng cáo mang tính chất phù hợp với đối tượng tiêu dùng sản phẩm.

# 1. 서론

광고는 오늘날 우리가 일상생활 속에서 쉽게 만날 수 있는 커뮤니케이션의 한 유형이다.[1] 광고는 모든 기업의 매우 보편적인 활동이다. 광고를 통해 기업은 자사의 제품, 서비스에 대한 정보를 소비자에게 전달할 수 있고 판매를 촉진 시킬 수 있다.

광고는 신문, 라디오, TV 같은 대중매체를 통해 대중에게 정보를 전달한다. 그 중에서 TV 광고는 텔레비전을 통해 소비자에게 제품이나 서비스의 정보를 전달하는 형식이며 15초에서 30초 사이에 의도한 메시지와 해석을 전달해야 한다. 그 짧은 시간에 시청자는 장면 속에 관련된 정보와 배경지식을 입력하고 전제와 함축적 논리를 찾아내어 모든 상황을 종합하여 광고의 의미와 의도를 읽어낸다.[2] 즉, TV 광고는 언어적 요소와 비언어적 요소들의 상호 작용을 통해 의도한 메시지를 시청자에게 충분히 전달한다.

이 글에서는 광고에 나타난 다양한 언어·비언어적 요소를 대상으로 연구한다. 그리고 이것이 광고 전략과 어떠한 상관관계를 맺는지 살펴보고 그것들이 전달하는 의미를 해석하고 통합한다. 이 글에서 다루는 자료는 2015년에 베트남에서 방영된 Vinamilk의 Sure Prevent분유 광고 이다.

Vinamilk는 우유, 분유, 연유, 요구르트 등의 제품으로 유명하며, 베트남 우유주식회사에 속하다. Vinamilk는 1976년에 설립되었다.Vinamilk는 베트남에서 우유 제품 가공 및 공급을 담당하는 일류 회사며 'Top 10 Most Valuable Vietnamese Brands'[3] 중 하나이다.

---

1) 김영순·오장근(2006), 광고언어의 텍스트언어학적 분석 – 텍스트 화용론적 방법론을 중심으로, 한국광고홍보학회 춘계학술대회 자료집, p.3.

2) 채완(2011), TV 광고 언어의 통합적 해석, 한국어의미학 36, p.420.

3) Brand Finance(2017), Vietnam 50 2017 – The Brand Finance Top 50 Vietnamese Brands 2017, p.6.

Vinamilk는 베트남 우유 시장의 55% (2016년 기준)[4]를 차지할 뿐만 아니라 미국, 프랑스, 캐나다 등 국외 유제품을 수출하고 있다.

## 2. Vinamilk의 2015년 Sure Prevent 분유 광고[5]

### 1) 광고 내용

[표1] Vinamilk의 2015년 Sure Prevent 분유 광고 동영상의 내용

| 광고시간 | 시각적 요소 | 청각적 요소 |
|---|---|---|
| #1<br>00:00-00:06 | 마당에 세 인물이 같이 앉아있다. 그들은 할아버지, 할머니, 손자의 가족 관계처럼 보일 수 있다. 편안하게 앉아 이야기하던 중 갑자기 할머니는 가슴을 껴안으며 고통스러운 표정을 한다. 할아버지와 손자는 할머니를 부축하여 일으켜 집안으로 모셔드린다. | [성우의 목소리] 나이 많은 사람들은 쉽게 피곤해지고 관절이 자주 쑤시며 심장병에 걸릴 확률도 높아진다. 그래서 필요한 영양소를 충분히 보충해야 한다. 배경음악: 부드러운 음악 (느린 리듬) |
| #2<br>00:07-00:08 | 할머니는 의자에 앉아 'Vinamilk' 이름표를 단 흰 가운을 입은 남자에게서 받은 우유 한잔을 마신다. | [성우의 목소리] 새로운 Sure Prevent<br>배경음악: 제품이 나올 때, 음악 리듬은 조금 더 빠르게 변한다. |
| #3<br>00:09-00:11 | 전에 등장한 흰 가운을 입은 남자가 나온다. 양쪽에는 Sure Prevent 분유통과 사람의 인체 모형도 나온다. 동시에 화면에는 '브로콜리의 싹', '비타민 D, 칼슘', 'Plant Sterols' 라는 문구가 나타난다. | [성우의 목소리] 브로콜리의 싹 추출물, 필요한 광물질과 비타민으로 피곤을 풀어주고 잘 먹고 잘 자게 해준다. 그리고 FDA가 추천해준 심장에 좋은 Plant sterols과 비타민 D도 보충해준다. |

---

4) Vinamilk 홈페이지: http://bit.ly/vinamilktintucsukien

5) Vinamilk의 2015년 'Sure Prevent 분유' 광고 https://youtube/lGz1pJCvncg

| | | |
|---|---|---|
| #4<br>00:11-00:13 | '브로콜리의 싹', 문구는 사람의 소화기관으로 들어가고 그때, '잘 먹고 잘 잔다'라는 문구가 화면에 나온다. | |
| #5<br>00:13-00:15 | '비타민 D, 칼슘' 문구는 사람의 뼈 부분으로 들어가고 그때, '뼈에 좋다'는 문구가 화면에 나온다. | |
| #6<br>00:15-00:17 | 'Plant Sterols' 문구는 사람의 심장 쪽으로 들어가고 그때, '심장에 좋다'는 문구가 화면에 나온다. | |
| #7<br>00:17-00:18 | '미국 FDA가 추천해준다.'라는 문구가 나타난다. | |
| #8<br>00:18-00:21 | 흰 가운을 입은 남자와 사람의 인체 모형 그리고 'Sure Prevent', '잘 먹고 잘 잔다', '뼈에 좋다', '심장에 좋다'라는 문구가 나오고 동시에 한쪽에는 Vinamilk 브랜드 로고기 니다난다. | [성우의 목소리] Sure Prevent |
| #9<br>00:21-00:22 | Sure Prevent 분유통과 우유 두 잔의 이미지가 나온다. 우유 잔에는 [Vinamilk], [Sure Prevent]라는 문구가 적혀있다. | [성우의 목소리] Sure Prevent 는 영양소를 흡수 · 보충함으로써 건강한 몸을 유지하게 도와준다. |
| #10<br>00:23-00:24 | 할아버지와 할머니는 두 잔의 우유를 마신다. | |
| #11<br>00:24-00:27 | 장면의 배경은 공원처럼 보인다. 남녀 두 인물이 추가로 나타난다. 대가족처럼 보인다. | [성우의 목소리] Vinamilk 새로운 Sure Prevent<br>[사운드]: 손자의 웃음소리 |

| | | |
|---|---|---|
| | 할아버지와 할머니, 자녀, 손자의 모습이다. 모두 웃고 있다. 아파했던 할머니가 이 장면에서 건강을 되찾게 되고 할아버지와 함께 손자의 팔을 잡고 들어 올린다. 모두 웃고 있고 행복해 보인다.<br>화면 한쪽에는 Vinamilk 브랜드 로고가 있다. | |
| #12<br>00:28-00:29 | 모두 웃으며 행복해 보이는 장면에는 Sure Prevent 분유통 이미지와 '건강을 회복하고 기쁨이 넘칠 것이다.' 라는 문구가 화면에 나온다. | [성우의 목소리] 건강을 회복하고 기쁨이 넘칠 것이다. |
| #13<br>00:30 | Vinamilk 로고, 회사 이름, 주소, 제품의 종류와 정보가 나타난다. | |

## 2) 광고 내용 분석

### ① 광고의 언어

광고 언어의 내용은 다음과 같다.

나이 많은 사람들은 쉽게 피곤해지고 관절이 자주 쑤시며 심장병에 걸릴 확률도 높아진다. 그래서 필요한 영양소를 충분히 보충해야 한다. 새로운 *Sure Prevent*는 브로콜리의 싹 추출물, 필요한 광물질과 비타민으로 피곤을 풀어주고 잘 먹고 잘 자게 해준다. 그리고 *FDA*가 추천해준 심장에 좋은 *Plant sterols*과 비타민 D도 보충해준다. *Sure Prevent*는 영양소를 흡수 · 보충함으로써 건강한 몸을 유지하게 도와준다. *Vinamilk,*

새로운 *Sure Prevent*로 건강을 회복하고 기쁨이 넘칠 것이다.

*Người lớn tuổi dễ mệt mỏi, hay đau nhức xương khớp và có nguy cơ mắc bệnh tim mạch cao, cần được bổ sung nguồn dinh dưỡng đầy đủ. Sure Prevent mới với chiếc xuất mầm bông cải xanh cùng với khoáng chất và vitamin thiết yếu giúp giảm mệt mỏi và ăn ngủ tốt, bổ sung vitamin D cùng với Plant sterols tốt cho tim mạch theo khuyến nghị của FDA Hoa Kỳ. Sure Prevent bổ sung dinh dưỡng dễ hấp thu cho sức khỏe luôn dồi dào. Vinamilk Sure Prevent mới phục hồi sức khỏe, vẹn tròn niềm vui.*

Vinamilk의 Sure Prevent우유 광고는 광고주가 상품과 관련된 자신의 견해를 성우의 목소리를 통해서 직접 발화하는 해설 중심으로 이루어진다.

광고의 내용은 광고주가 시청자의 공감을 유도한 후, 공감을 제품과 연결함으로써 설득을 유도하는 방식으로 구성되어 있다. '나이 많은 사람들은 쉽게 피곤해지고 관절이 자주 쑤시며 심장병에 걸릴 확률도 높아진다. 그래서 필요한 영양소를 충분히 보충해야 한다.' 로 시청자의 공감을 유도한 후 '새로운 Sure Prevent' 라는 제품의 복용을 연결했다. '나이 많은 사람들' 이라는 어절은 누구를 위한 제품인지를 제시한다.

그리고 'Sure Prevent' 라는 제품명은 광고 문안에서 3번이나 반복되었다. 계속된 반복은 제품에 대한 인식을 소비자에게 더욱 주입하고 제품 구매도 유도한다.

한편, '브로콜리의 싹 추출물, 필요한 광물질과 비타민으로 피곤을 풀어주고 잘 먹고 잘 자게 해준다. 그리고 FDA가 추천해준 심장에 좋은 Plant sterols과 비타민 D' 부분은 과학적 근거와 FDA(미국 식품의약국)를 제시함으로써 제품의 성분과 효능을 시청자에게 사실적으로 설명하여 신뢰성을 한층 더 높인다.

## ② 광고의 언어와 비언어 기호의 결합

시청자는 광고가 제시하는 언어 · 비언어적 요소를 결합함으로써 의도한 메시지와 관련지어 광고를 읽어낸다. 언어와 영상은 상호 의존적이면서 보완적이다. 영상은 시청자의 주목과 흥미를 끌어 모고 상품을 보여줌으로써 상품을 소개할 뿐만 아니라 소비자의 구매 욕구도 자극한다.[6]

Sure Prevent 분유 광고는 연결성이 단순하다. 영상에 나오는 내용은 '할머니가 아프다 → 영양전문가/의사가 Sure Prevent 분유를 소개해준다 → 할머니와 할아버지가 제품을 사용한다 → 건강한 모습으로 보여주고 행복한 대가족이다' 의 순서이다.

이 광고는 기본적으로 언어의 본래 의미와 일치한 영상으로 시각화되었다. 노인 소비자를 위한 제품이기에 영상을 시작할 때부터 할아버지, 할머니의 두 인물이 나타났다. '나이 많은 사람들은 쉽게 피곤해지고 관절이 자주 쑤시며 심장병에 걸릴 확률도 높아진다.' 는 말을 보충하기 위해 할머니는 가슴을 껴안으며 고통스러운 표정을 보여준다.

'브로콜리의 싹 추출물, 필요한 광물질과 비타민으로 피곤을 풀어주고 잘 먹고 잘 자게 해준다. 그리고 FDA가 추천해준 심장에 좋은 Plant sterols과 비타민 D도 보충해준다.' 는 과학적인 근거로서 제품 성분, 기능을 음성으로 전달한다. 또한, 영상에도 과학적인 정보를 대응시켜 시

---

6) 채완(2011), TV 광고 언어의 통합적 해석, 한국어의미학 36, p.437.

각적 이미지로 표현하였다. 광고 문구보다는 영상이 더 효과적이 때문이다. 어려운 과학정보를 구체적이고 단순한 이미지로 표현해 생생한 전달력을 갖게 되었다. 이로써 전달하려는 메시지는 시청자에게 쉬운 이해를 돕고 기억도 잘 되게 한다.

한편, 제품의 성분과 기능을 설명할 때 하얀 가운을 입은 남자가 나와서 설명한다. 하얀 가운을 입은 사람의 직업은 전문가나 의사로 추측할 수 있다. 우유는 사람이 직접 섭취하기 때문에 소비자는 더 신중하게 선택한다. 이에 전무가 혹은 의사가 직접 설명하고 추천한다면 소비자는 제품에 대한 신뢰를 얻어 구매 촉진 효과가 생긴다.

'Sure Prevent', '잘 먹고 잘 잔다', '뼈에 좋다.', '심장에 좋다' 라는 문구가 영상에서 계속 반복하여 나타남으로써 제품과 효능을 더 부각하게 된다.

시청자들은 빠르게 지나가는 광고를 주의 깊게 보지 않기 때문에 화면을 일일이 기억하지는 못하지만, 광고의 마지막 장면에 제시된 행복한 가족의 모습, 제품의 이미지와 '건강을 회복하고 기쁨이 넘칠 것이다.' 라는 문구는 시청자들 기억 속에 잔상으로 남아 광고의 이미지로 기억될 것이다.[7]

광고가 끝난 후 Vinamilk 로고, 회사 이름, 주소, 제품의 종류와 정보는 마지막에 한꺼번에 보인다. 이때, 상표를 소비자에게 인식시킨다. 또한, 정확한 정보로 소비자의 신뢰를 더 쉽게 끌어낸다.

배경음악을 살펴보면 전체적으로 느린 리듬과 부드러운 음악을 사용한다. 제품을 언급할 때 시청자의 집중을 유도하기 위해 리듬은 빨라진다. 노인 소비자를 대상으로 한 제품이라서 즐겁고 활발한 음악보다는

---

7) 채완(2011), TV 광고 언어의 통합적 해석, 한국어의미학 36, p.444.

부드러운 음악을 사용했다. 부드러운 음악은 편안하고 안전한 느낌을 가져다주어 나이 많은 사람에게 더욱 적절하다.

이 광고에는 성우의 목소리를 통한 해설을 중심적 광고이지만 #11장면에는 손자의 웃음소리가 들린다. 여기서 청각적 요소는 시각적 요소(영상)를 더 보완해주고 제품의 효능을 부각한다.


## 3. 결론

TV 광고는 광고 문안의 언어적 요소와 비언어적 요소들의 상호 작용을 분석해야 한다. 광고에 나타나는 영상, 모델의 이미지와 캐릭터, 배경음악과 같은 구성요소들이 광고 문안과 서로 보완하고 충돌하면서 메시지를 완성하고 강화한다.[8]

Vinamilk는 어린 소비자에 집중할 뿐만 아니라 노인 소비자에 관해서도 관심을 두고 있었다. 이를 통해 Vinamilk는 연령의 구분 없이 모든 소비자에게 광고메시지를 전달하고 있다는 것을 알 수 있다. 소비자 대상에 따라 광고 전략, 광고 이미지도 달라진다. 어린 소비자를 위한 제품의 광고는 만화 형식을 이용하여 활발하고 재미있게 구성하지만, 노인 소비자를 대상으로 한 광고는 전문가 이미지를 통해 과학적 정보를 많이 공급한다. 배경음악 역시 어른 사람한테 적합한 부드러운 음악이고 가족에 대한 의의도 함께 지닌다. 이를 통해 Vinamilk 광고는 비즈니스 전략을 잘 드러내고 있다. 또한, 소비자의 욕구를 충족하기 위해 항상 노력하고 있음을 알 수 있다.

---

8) 채완(2011), TV 광고 언어의 통합적 해석, 한국어의미학 36, p.420.

# 참고문헌

김영순 · 오장근(2006), 광고언어의 텍스트언어학적 분석 - 텍스트 화용론적 방법론을 중심으로, 한국광고홍보학회 춘계학술대회 자료집.

이명천 · 김요한(2010), 광고학 개론, 커뮤니케이션북스.

이인경(2003), TV 광고의 텍스트언어학적 분석, 텍스트언어학 15.

장경희(1992), 광고 언어의 유형과 특성, 새국어생활 2-2.

채완(2011), TV 광고 언어의 통합적 해석, 한국어의미학 36.

Brand Finance(2017), Vietnam 50 2017 - The Brand Finance Top 50 Vietnamese Brands 2017.


Vinamilk 홈페이지 https://www.vinamilk.com.vn/

Vinamilk의 'Sure Prevent 분유' 광고 https://youtu.be/lGz1pJCvncg

# 〈밤〉과 〈夜〉

## - 걸그룹 '여자친구'의 한국어와 일본어 가사 특성 비교

손 영 은, 이 예 진

## 1. 서론

한국 대중가요 시장에서 주류가 된 한국 아이돌 그룹은 경제적 이익을 위해 일본 시장 진출을 필수적인 목표로 삼게 되었다. 세계 음악시장에서 미국 다음으로 큰 규모를 갖고 있으며, 아시아에선 유일하게 한국보다 큰 시장인 일본[1]으로의 진출이 당연한 것으로 보인다. 이러한 추세에 따라 한국 아이돌 그룹의 비중은 일본 대중가요 시장에서도 점차 커지고 있는데, 이들이 일본에 진출하여 발매하는 앨범은 한국에서 먼저 발표한 노래를 번안한 것이 대부분이다.

하지만 단순히 번역의 수준이 아닌 현지의 문화적, 언어적 상황을 고려한 번안이 이루어지고 있다. 일본 시장에 진출하여 일본 곡이 아닌 번안곡을 발표하는 것은 K-POP에 익숙한 일본의 10-20대 수용자들이 어려움 없이 곡을 받아들일 수 있다는 장점이 있다. 그러나 이 점을 제외한다면 소위 '반한류'라고 불리는 감정이 팽배한 일본 사회에서 번안 곡은 긍정적 효과보다 부정적 효과를 일으키기 쉽다.[2] 따라서 일본 시장에서 성공을 거두기 위해서는 현지 상황을 고려한 번안이 이루어질 수밖에 없다.

---

1) 성미경 · 이규탁 · 문효진(2017), 「K-POP 글로벌 확산을 위한 음악시장 다변화 전략 연구」, 한국콘텐츠진흥원, p.14
2) 김은준 · 김수정(2016), 「일본과 중국 언론인들의 반한류 인식」, 한국콘텐츠학회논문지 Vol.16, p.806

따라서 본 연구에서는 번안된 한국 아이돌 그룹의 노래 가사를 분석하여 두 국가를 이해하는데 도움이 되고자 한다.


## 2. 분석 기준 및 대상

본 연구의 분석 대상은 한국 아이돌 걸그룹 '여자친구(Gfriend)'의 한국 곡 〈밤 (Time for the moon night)〉(이하 〈밤〉)과 일본어 번안 곡 〈夜 (Time for the moon night)〉(이하 〈夜〉)로 선정하였다.

분석 대상으로 '여자친구'의 한국 곡 〈밤〉을 선정함에 있어 다음과 같은 점을 고려하였다. 첫 번째, '여자친구'의 앨범은 '입학-방학-졸업'의 콘셉트로 구성되어 있다. 이러한 콘셉트와 함께 한국과 한국어가 가진 정서를 기반으로 한 가사가 만들어져 큰 인기를 끌게 되었다.[3] 이러한 '여자친구'만의 특징을 보고 문화평론가 이재원은 "'여자친구'에게는 희망을 공유할 스토리가 있다는 점, 그것이 '여자친구' 음악에 알파로 더해진 콘텐츠의 힘일 것이다."라는 평을 내리기도 했다.[4] 이것이 다른 아이돌의 영어 단어 중심의 무의미한 반복이 주가 된 노래 가사와 자극적인 콘셉트의 앨범과는 다른 점이다.

두 번째, '여자친구'의 한국과 일본에서의 인지도이다. '여자친구'의 국내외 활동은 2018년에도 활발히 이루어지고 있다. 과거 미국 빌보드는 '여자친구'를 '2015년 주목해야 할 K팝 아티스트 TOP 5'에 선정하

---

3) '여자친구' 멤버 소원은 "곡에 한글을 많이 쓰려고 한다. '여자친구'의 가사는 대체로 외국어와 외래어가 없다. 이게 '여자친구'의 색깔이다"라고 말한 바 있다. (MBC FM4U 2016년 2월 2일 라디오 출연에서의 담화), https://youtu.be/E-T3vnCAt9U
4) 이재원, [목멱칼럼] '여자친구'와 '아바타'의 공통점, 이데일리(2016.03.18.),http://www.edaily.co.kr/news/read?newsId=02519046612584632&mediaCodeNo=257&OutLnkChk=Y

였다.[5] 최근 발매 곡 〈밤〉은 한국의 음악 방송에서 10관왕을 달성했으며, 일본 활동에 앞서 일본 내 유명 레이블인 킹레코드와 손잡고 일본 데뷔를 공식화해 2018년 10월 08일부터 10월 14일까지 집계한 오리콘 주간 싱글차트(週間 シングルランキング)에서 6위를 기록하였다.[6] 이를 통해 일본과 한국에서 '여자친구'의 인지도는 높다고 할 수 있다.

세 번째, 번안 곡의 작사가이다. 〈밤〉의 작사가는 한국인 노주환, 〈夜〉의 작사가는 일본인 Carlos K이다. 한국어 가사가 일본인 작사가를 통해 일본어로 번안되면서, 일본인이 가진 언어적 특징이나 문화적 맥락이 고려되었을 것이다.

'여자친구'의 한국 곡 〈밤〉은 2018년 4월 30일에 발표하였으며, 이어 같은 해인 10월 10일에 일본어 번안 곡 〈夜〉도 발표하여 활동을 시작하였다.

〈밤〉은 밤 동안 지속되는, 애절한 사랑을 표현한 노래이다. 〈밤〉에 등장하는 화자는 사랑하는 '너'에게 자신의 마음을 표현하고자 한다. 하지만 그 마음은 '너'에게 닿지 않는다. 화자는 끝내 자신의 마음을 전하지 못하고 '꿈'에서라도 상대방을 만나고 싶어 한다. 〈夜〉의 가사도 이러한 맥락은 변하지 않으나 좀 더 자세히 살펴보면 〈밤〉과의 차이점이 나타난다.

본 연구에서는 한국어 가사를 일본어로 번안하는 과정에서 달라진 운율과, 가사의 의미 변형 여부를 중심으로 분석할 것이다.

---

5) Jeff Benjamin, Top 5 K-Pop Artists to Watch in 2015, billboard(2015.01.28.), https://www.billboard.com/articles/columns/k-town/6451004/k-pop-breakout-artists-to-watch-2015
6) 일본 오리콘 차트 순위 (www.oricon.co.jp/rank)

## 3. 가사 분석

### 1) 운율

#### ① 가사의 의미가 변형되며 새로운 운율이 형성된 경우

〈밤〉과 〈夜〉의 후렴구는 네 번 반복되는데, 앞 세 번의 후렴구만 살펴보기로 한다. 이 세 번의 후렴구 동안 〈밤〉과 〈夜〉에서 사용되는 가사는 다음 표와 같다.

[표1] 〈밤〉과 〈夜〉의 후렴구[7]

| 〈밤〉 | 〈夜〉 |
|---|---|
| 1-3. 떨려오는 별빛 반짝이는데<br>넌 어디를 보고 있는지<br>금방이라도 사라질 것 같은데 | 1-2. きらりこの星の瞬き<br>반짝이는(*반짝이는 모양) 이 별의 반짝임<br>君も見てるかな<br>너도 보고 있을까?<br>儚さが心濡らして<br>덧없음이 마음을 적시고<br><br>3. ゆらりこの星のどこかで<br>떨리는 이 별 어딘가에서<br>君を照らすなら<br>너를 밝히고 있다면<br>連れてきて私の所へ<br>데려와줘 내 곁으로 |

---

7) [표1]에서는 후렴구의 운율이 중심이므로, 독음은 생략한다. 표 앞의 번호는 반복된 후렴구를 나타낸다. 〈밤〉에서 1-3은 첫 번째, 두 번째, 세 번째의 후렴구이고, 〈夜〉에서 1-2는 첫 번째와 두 번째의 후렴구, 3은 세 번째 후렴구이다.

[표1]에서 알 수 있듯이 〈夜〉의 후렴구 가사는 〈밤〉보다 하나 더 늘어나고 가사의 뜻 또한 달라졌다. 〈夜〉의 '1-2'에서는 〈밤〉의 '1-3'의 맥락과 의미를 바꾸지 않고 비교적 그대로 사용하지만 '떨려오는'의 단어가 빠지고 '반짝임'을 강조하는 단어가 추가되었다.

〈밤〉의 '1-3'의 의미는 반짝이는 별빛이 있는데도 너는 별빛이 아닌 어디를 보고 있는지 궁금하다는 것으로 '네가 보고 있는 무엇'에 초점이 맞춰져 있다면 〈夜〉의 '3'은 '너를 밝히고 있는 별'에 초점이 맞춰져 있다. 결국, 〈夜〉의 '3'에선 '떨려오는'의 단어를 사용하지만 그에 대응되는 〈밤〉의 '1-3'의 전체적인 의미가 바뀐 것을 확인할 수 있다.

이는 〈밤〉의 '1-3'에서 발견할 수 있는 '반짝이는데-같은데'와 같이 [e] 발음의 각운을 의미가 같은 일본어로 살리지 못한 결과로 추정된다. 그래서 '키라리(きらり)(반짝임)'를 추가하여 '키미모(君も)(너도)'와 같이 [i] 발음의 두운을 맞추어 어느 정도 〈夜〉의 운율을 살리려 하는 동시에 '유라리(ゆらり)(떨리는)'를 후에 사용함으로써 〈밤〉에 등장하는 모든 의미를 담으려 노력한 것으로 보인다. 이 과정에서 〈夜〉의 가사 내에서 '키라리(きらり) - 유라리(ゆらり)'와 같이 비슷한 [a-i]와 같은 발음이 함께 사용되어 운율이 형성되었다.

## ② 가사의 의미 변형 없이 새로운 운율이 형성된 경우

[표2]는 가사의 의미 변형 없이 〈夜〉에서 새로운 운율이 형성된 경우이다. 〈밤〉에서 '이렇게 너랑 나 우리 둘의 사이가 조금 더 좁혀지길 기대하고 싶은 밤'은 〈夜〉에서 '메울 수 없는 둘의 거리가 가까워지는 그런 일을 바라지만'으로 번안되었는데, 너와 나의 사이에 존재하는 거리가 지금보다 더 좁혀지길 바란다는 의미는 같다.

운율의 경우 〈밤〉에서는 '너랑 나 – 사이가'와 같이 [a] 발음으로 끝나는 각운이 형성되어있으나 〈夜〉에서는 '우메라레나이 – 후타리노쿄리가'와 같이 [u] 발음으로 시작하는 두운이 형성되어 있다.

[표2] 〈밤〉과 〈夜〉의 운율 비교

| 〈밤〉 | 〈夜〉 |
|---|---|
| 이렇게 너랑 나<br>우리 둘의 사이가<br>조금 더 좁혀지길 기대하고 싶은 밤 | 埋められない 二人の距離が<br>우메라레나이후타리노쿄리가<br>메울 수 없는 둘의 거리가<br>近づくそんなこと願うけど<br>치카즈쿠손나코토네가우케도<br>가까워지는 그런 일을 바라지만 |

### ③ 가사의 의미 변형 없이 기존의 운율이 사용된 경우

[표3]은 가사의 의미 변형 없이 〈밤〉의 운율을 〈夜〉에서도 살린 경우이다. 〈밤〉의 가사의 뜻은 안개 속처럼 알 수 없는 말투의 의미, 즉 알 수 없는 상대방의 마음을 표현한 것이다. 〈夜〉도 이와 같은 의미로 '형태가 존재하지 않는 말의 의미'가 가사로 쓰여 역시 상대방의 알 수 없는 마음을 비유적으로 표현하였다.

이처럼 〈夜〉에서 '너의 말의 의미가 명확하지 않다'는 〈밤〉의 가사 뜻은 물론, 〈夜〉에서 '카타치노나이 – 소노코토바노이미'에서 새로 형성된 운율이 아닌 '안개 속에 갇힌 – 그 말투 속에 담긴'과 같이 [i] 발음으로 끝나는 〈밤〉의 각운 또한 발견할 수 있다.

[표3] 〈밤〉의 기존 운율이 그대로 사용된 〈夜〉

| 〈밤〉 | 〈夜〉 |
|---|---|
| 안개 속에 갇힌<br>그 말투 속에 담긴 | 形のないその言葉の意味<br>카타치노나이소노코토바노이미<br>형태가 없는 그 말의 의미 |

## 2) 가사

### 2-1) 의미가 변형된 경우
### ① 언어적 차이로 인해 가사가 변형된 경우

다음은 〈夜〉에서 〈밤〉의 가사가 명사구로 나타난 경우이다.

[표4] 〈밤〉과 다른 〈夜〉의 명사구

| 〈밤〉 | 〈夜〉 |
|---|---|
| 떨려오는 별빛 반짝이는데<br><br>… | きらりこの星の瞬き<br>키라리코노호시노마타타키<br>이별의 반짝임<br><br>… |
| 안개 속에 갇힌 그 말투 속에 담긴<br><br>… | 形のないその言葉の意味<br>카타치노나이소노코토바노이미<br>형태가 없는 그 말의 의미<br><br>… |
| 아냐 아직은 너를 내 방에<br><br>… | さよならとは 送れずに ずっと<br>사요나라토와오쿠레즈니즛토<br>안녕이라고 말하지 못하고 계속<br><br>… |

| 다가가기엔 너의 맘이 | 不確かで見えない君の心 |
| | 후타시카데미에나이키미노코코로 |
| … | 불확실하고 보이지 않는 너의 마음 |
| | … |
| 지금이 며칠째 훌쩍이는데 | はらり頰を伝う涙 |
| | 하라리호오오츠타우나미다 |
| | 사르르 볼에 흐르는 눈물 |

　명사구의 형태적 측면에서 일본어는 연결 요소의 개재 여부와 의미 관계 사이에 일련의 관계가 보이지 않는 데 비해 한국어의 경우는 '재료 수단-대상'의 경우와 '대상-장소', '대상-재료 수단'의 관계에서 모두 명사구의 내부에 연결 조사의 개재를 허용하지 않는다.[8]

　또한 일본어는 문장 내 요소들의 모든 결합 관계의 경우에 있어서 연결 요소의 개입을 비교적 자연스럽게 허용하여 의미 관계가 명사구의 형태에 크게 영향을 주는 요소로서는 작용하기 어려운 데 반해 한국어의 경우는 명사구를 구성하는 '대상'의 의미 관계에 있어서 의미와 형태 사이에 긴밀한 관련성이 존재함을 알 수 있다.[9]

　이와 같은 사실을 통해 문장 내의 연결 요소가 문장의 의미와 형태에 영향을 끼치지 않는 일본어에서 명사구 형성이 한국어에 비해 쉽게 나타남을 짐작할 수 있다.

　[표4]를 보면 〈밤〉의 가사는 '반짝이는데 - 담긴 - 내 방에 - 너의 맘이 - 훌쩍이는데'와 같이 명사로 끝나는 문장이 잘 보이지 않는다. 또한 문장이 문어체 '-다'나 구어체 '-어'의 형태처럼 끝맺어지지 못한 것을

---

8) 홍영주(2015), 「일본어와 한국어의 명사 언어 구성에 대해서」, 일본문화연구 54, p.325.
9) 홍영주(2015), 「일본어와 한국어의 명사 언어 구성에 대해서」, 일본문화연구 54, p.328.

확인할 수 있다. 반면 〈夜〉에서는 〈밤〉에서 나타난 이런 문장들이 '반짝임 – 의미 – 계속 – 마음 – 눈물'과 같이 문장이 명사로 끝나는 명사구의 형태로 변형되었음을 발견할 수 있다.

[표5] 〈밤〉과 〈夜〉에서 감정을 표현하는 언어의 차이

| 〈밤〉 | 〈夜〉 |
|---|---|
| 오늘도 기분은 시무룩해 | どうして晴れないのよ<br>도우시테하레나이노요<br>어째서 개지 않는 거야 |

[표5]와 같이, 자신의 감정을 표현할 때에 있어서도 차이를 발견할 수 있다. '개다'라는 표현은 한국어에서는 주로 날씨와 관련해서 쓰이고, 감정을 나타낼 때는 쓰이지 않는 것이 일반적이다. 하지만 일본어의 '개다'는 뜻을 가진 '晴れる'는 날씨뿐만 아니라 감정을 표현할 때도 잘 쓰인다.

〈夜〉의 '어째서 개지 않는 거야'는 마음의 먹구름이 개지 않아서 계속 우울하다는 의미인 것으로 보인다.

## ② 번안 곡만의 스토리 형성으로 인해 가사가 변형된 경우

〈밤〉과 〈夜〉를 비교해보면 상대방을 그리워하고 보고 싶어 하는 마음은 같지만 표현하는 방식에서 차이가 보인다. 〈夜〉에서는 소극적 태도에서 적극적 태도로 나아가는 화자의 감정의 변화를 확인할 수 있는데, [표6]은 이러한 변화가 나타나는 가사를 단계 별로 정리한 것이다.

[표6] 〈밤〉과 달리 〈夜〉에서 나타난 감정의 변화

| 〈밤〉 | 〈夜〉의 번역 |
|---|---|
| 좋아하는 만큼 별은 떠오르고<br>여전히 나는 어쩔줄 모르고<br>…<br>아냐 아직은 너를<br>내 방에 몰래 몰래 간직하고 싶은 밤<br>…<br>열렬한 사랑 고백 해볼까<br><br>망설여지지만 여기 있기엔<br>너무 좋아져버린 내 맘 볼 수<br>없으니까<br>…<br>당장이라도 따라가고 싶은데<br>…<br>손에 닿지 않는 네가 보고 싶은 밤 | 진정한 나를 항상 보여주지 못한 채<br>시간만 지나가<br>…<br>길을 잃고 널 찾고 있어<br>…<br>아무리 상처 받아도<br>안녕이라곤 말하지 못 하고<br>…<br>과감하게 이 기분을 말할까<br>…<br>데려와줘 내 곁으로<br>…<br>단지 네가 갖고 싶어<br>…<br>지금 바로 날아가고 싶어 |

〈밤〉의 경우 화자의 감정 상태가 '좋아하는 만큼 별은 떠오르고', '너를 내 방에 몰래몰래 간직하고 싶은 밤' 등과 같이 비교적 처음부터 직설적으로 표현되어, 곡의 끝까지 감정의 극적인 변화는 없어 보인다.

하지만 〈夜〉에서는 상대방에 대한 감정을 그저 사랑에 대한 그리움과 상처로만 표현하다가 곡이 전개될수록 다시 만나고 싶다는 의미의 문장을 적극적으로 사용하는 것을 발견할 수 있다. 이는 〈夜〉에서 감정의 변화가 일어나는 하나의 스토리가 형성된 것이라 볼 수 있다.

## 2-2) 가사가 변형되지 않은 경우
### ① 원 가사가 번안 곡만의 맥락을 이탈하지 않는 경우

앞서 번안 곡만의 스토리 형성으로 인해 가사가 변형된 경우에서 〈夜〉로의 번안 과정에 있어 스토리가 형성되었다고 말한 바가 있다. 하지만 [표7]을 보면 〈밤〉과 〈夜〉의 표현적 차이는 있으나, 의미에 있어서는 크게 차이가 보이지 않는다. 이 경우는 원 가사의 전체적인 스토리에 대한 맥락이 아닌 각각의 문장만이 가지는 맥락을 뜻한다.

[표7]의 〈밤〉에서 '너의 마음 안에 있는 내 모습은 내 맘 같지 않아 어느 틈에 놓쳐버린 걸까' 는 〈夜〉에서 '진정한 나를 항상 보여주지 못한 채 시간만 지나가' 로 번안되었다. 네가 보는 나의 모습은 너에게 보이길 바라는 나의 모습이 아니며, 이런 오해를 풀 겨를이 없다는 의미는 같다.

[표7] 〈밤〉과 〈夜〉의 맥락 비교

| 〈밤〉 | 〈夜〉의 번역 |
|---|---|
| 떨려오는 별빛 반짝이는데<br>넌 어디를 보고 있는지<br>금방이라도 사라질 것 같은데<br>…<br>너의 마음 안에 있는<br>내 모습은 내 맘 같지 않아<br>어느 틈에 놓쳐버린 걸까<br>…<br>안개 속에 갇힌<br>그 말투 속에 담긴<br>…<br>밤하늘을 날아<br>꿈속에서 너를 만나<br>… | 반짝이는(*반짝이는 모양) 이 별의 반짝임<br>너도 보고 있을까<br>덧없음이 마음을 적시고<br>…<br>진정한 나를<br>항상 보여주지 못한 채<br>시간만 지나가<br>…<br>형태가 없는<br>그 말의 의미<br>…<br>밤을 넘어<br>꿈에서 만나요<br>… |

| | |
|---|---|
| 열렬한 사랑 고백 해볼까<br>창문 너머로 너를 계속 불러보고 있어<br>…<br>이렇게 너랑 나 우리 둘의 사이가<br>조금 더 좁혀지길 기대하고 싶은 밤<br>…<br>다가가기엔 너의 맘이 확실하지 않아<br>…<br>지금이 며칠째 훌쩍이는데<br>넌 어디로 가고 있는지<br>당장이라도 따라가고 싶은데 | 과감하게 이 기분을 말할까<br>계속 여기서 널 부르고 있어<br>…<br>메울 수 없는 둘의 거리가<br>가까워지는 그런 일을 바라지만<br>…<br>불확실하고 보이지 않는 너의 마음<br>…<br>사르르 볼에 흐르는 눈물<br>너는 어디에 있어<br>지금 바로 날아가고 싶어 |

## ② 한국어 가사를 그대로 사용한 경우

일본어에서 '밤'의 뜻으로 흔히 쓰이는 단어는 '夜(요루)'이지만, '저녁 때, 밤'의 뜻을 가진 '晩(반)'도 있다. '晩(반)'은 발음하였을 때 한국어 '밤'과 비슷하다. 따라서 [표8]〈夜〉과 같이 에서 불리는 'BAM'은 한국어의 '밤'일 가능성과 일본어의 '晩'일 가능성 모두 존재한다. 의미와 발음이 비슷하여 이중적인 의미를 노린 것으로 보인다.

[표8] 〈밤〉의 '밤'과 〈夜〉의 '밤'

| 〈밤〉 | 〈夜〉 |
|---|---|
| 밤 밤 밤 밤에 밤하늘을 날아 | BAM x 6<br>夜を越え<br>요루오 코에<br>밤을 넘어 |

## 4. 요약 및 결론

본 연구에서는 한국 아이돌 걸그룹 '여자친구'의 한국 곡 〈밤〉과 일본어 번안 곡 〈夜〉의 비교 분석을 통해 한국어 가사와 일본어 가사가 같은 멜로디 안에서 어떻게 달라지는지 알아보았다.

첫 번째, 번안 곡 〈夜〉가 운율을 형성하는데 있어 〈밤〉의 가사와 어떤 차이가 나타나는지 살펴보았다. 먼저 〈밤〉의 가사가 가진 의미를 변형시켜 〈夜〉에서 새로운 운율이 만들어진 것을 확인하였다. 동일한 후렴구가 반복되었던 원곡과 달리, 번안 곡에서는 마지막 후렴구에 변화를 주어 〈夜〉만의 새로운 운율을 만들어냈다.

가사의 의미가 바뀌지 않고 운율이 만들어진 경우는 두 가지로 나뉘었다. 번안 곡만의 새로운 운율이 형성된 경우와 원곡의 기존 운율이 사용된 경우이다. 전자에서는 〈밤〉과 다른 〈夜〉만의 새로운 가사로 독자적인 운율을 형성하였고, 후자에서는 〈밤〉과 비슷한 발음의 가사로 〈夜〉에서도 원곡의 운율이 그대로 사용되었다.

두 번째, 운율을 배제하고 가사 자체에 대해 살펴보았다. 먼저 언어적 차이로 인한 가사 변형이 있었다. 그 중 문법적인 요소에 있어서 가사가 변형된 것은 당연한 결과로 보인다. 그러나 앞의 경우 말고도 한국과 일본에서 감정을 표현할 때 쓰이는 언어의 차이로 인해 표면적으로 다른 가사처럼 보이는 경우를 발견할 수 있었다.

언어적 차이가 아닌 다른 이유로 가사가 변형됨에 있어서 〈밤〉의 큰 뜻을 해치지 않으며 감정의 변화가 드러난 스토리를 통해 〈夜〉만의 특징을 생성했다는 사실을 발견한 것이 특히 흥미로웠다. 이는 일본의 상황과 특징을 생각한 것뿐만이 아닌 밤과의 차이점을 두어 일본 시장에서 경쟁력을 확보하기 위한 결과로 보인다.

가사가 변형되지 않은 경우에서는 두 가지를 발견할 수 있었다. 번안 곡에서 새로운 스토리가 형성되었음에도 불구하고 원 가사가 들어가도 어색하지 않은 것이 첫 번째였는데, 번안 곡만의 특징이 있어야 경쟁력이 있다고 할지라도 원 가사를 크게 벗어나면 안 된다는 점을 유의한 것으로 보인다. 두 번째로는, 〈밤〉의 '밤'을 〈夜〉에서도 그대로 'BAM'으로 사용한 것이다. 한국어의 '밤'일 가능성과 일본어의 '晩'일 가능성 모두 존재하는데, 이중적인 의미를 노린 번안일 가능성이 특히 높은 것으로 판단된다.

본 연구에서 가사를 분석해 본 결과, 가사가 번안을 거치며 변형된 경우와 그렇지 않은 경우가 비슷하게 나타났다. 이는 서론에서 말했듯이 가사가 변형된 경우엔 일본 시장에서의 경쟁력을 갖기 위함이며, 그렇지 않은 경우엔 곡의 멜로디만 가져가는 것이 한국 곡으로 일본에서 성공을 거두는 것에 대한 의의가 없기 때문으로 보인다.

본 연구를 통해 한국 곡이 일본어로 번안되는 과정에서 달라진 항목들을 분석하여 일본어 번안 곡이 가지게 되는 특징을 확인할 수 있었다.

한국 곡이 일본어로 번안되었을 때의 텍스트적 연구는 예로부터 진행되어 왔으나, 아이돌의 번안 곡을 대상으로 한 분석은 흔치 않았기 때문에 본 연구가 갖는 의의가 있다. 언어적 측면에 집중하여 같은 멜로디 안에서의 한국어와 일본어 가사의 차이를 알아보았으나, 문화적 측면에서의 분석도 의미가 있으리라 예상된다.

# 저자 소개

**이 지 양** 가톨릭대학교 국어국문학과 교수
서울대학교 국어국문학과 및 동대학원 문학박사 (국어학 전공)

**윤 신 원** 경기대학교 국어국문학과 교수
가톨릭대학교 국어국문학과 및 동대학원 문학박사 (응용텍스트학 전공)

**유 지 현** 가톨릭대학교 심리학 · 국어국문학 전공

**김 지 수** 가톨릭대학교 국어국문학 · 미디어기술콘텐츠학과

**이 나 영** 가톨릭대학교 국어국문학 · 사회학 전공

**지 선 영** 가톨릭대학교 의류학 · 국어국문학 전공

**최 현 주** 가톨릭대학교 국어국문학 · 심리학 전공

**정 예 슬** 가톨릭대학교 국어국문학 · 스토리텔링 전공

**최 가 연** 가톨릭대학교 국어국문학 · 스토리텔링 전공

**김 성 훈** 가톨릭대학교 미디어기술콘텐츠학과 · 글로컬문화스토리텔링 전공

김 유 탁  가톨릭대학교 문화콘텐츠학 · 국어국문학 전공

김 하 림  가톨릭대학교 미디어기술콘텐츠학과 · 글로컬문화스토리텔링 전공

홍 예 지  가톨릭대학교 회계학 · 국어국문학 전공

신 재 원  가톨릭대학교 국어국문학 · 미디어기술콘텐츠학과

레 전 디엠 프엉  가톨릭대학교 경영학 · 국어국문학 전공
Lê Trần Diễm Phương

손 영 은  가톨릭대학교 국어국문학 · 글로컬문화스토리텔링 전공

이 예 진  가톨릭대학교 국어국문학 · 글로컬문화스토리텔링 전공